ÉLÉMENTS

DE

GRAMMAIRE FRANÇAISE.

ÉLÉMENTS

DE

GRAMMAIRE FRANÇAISE

A L'USAGE DES ENFANTS,

PAR E. JACQUEMARD.

La Grammaire est le fondement sur lequel repose l'édifice des connaissances humaines.
QUINTILIEN.

A PARIS,
CHEZ GIGUET ET MICHAUD, IMP.-LIBRAIRES,
RUE DES BONS-ENFANTS, N°. 6.

1805. — XIII.

A M. CHAMPAGNE,

MEMBRE DE L'INSTITUT NATIONAL,

ET PROVISEUR DU LYCÉE DE PARIS, RUE SAINT-JACQUES.

MONSIEUR,

Je n'ai point oublié les soins que vous avez donnés à mon enfance, ni les bontés dont vous m'avez toujours honoré. Permettez moi de vous en témoigner ici publiquement ma reconnaissance, en vous dédiant l'opuscule dont je hasarde aujourd'hui l'impression; il serait sans défaut, s'il était digne de vous.

J'ai l'honneur de vous saluer respectueusement,

E. JACQUEMARD.

PRÉFACE.

Les langues, a dit un auteur célèbre, sont les clefs des sciences. Cette vérité, qui est de tous les temps et de tous les lieux, s'applique plus particulièrement encore à notre langue, qu'on peut regarder avec raison comme celle de l'Europe savante. Cependant l'étude en est extrêmement négligée en France. Quelle en est la cause? Je crois l'avoir en partie trouvée dans l'opinion généralement répandue que l'on ne peut parler français correctement, sans avoir appris le latin. Peut-être aussi le défaut de grammaires à la portée des enfants, et les difficultés que les maîtres ont éprouvées à leur expliquer les premières notions du langage, ont-ils contribué à enraciner ce préjugé. Je n'essaierai point de le combattre; d'autres l'ont fait avant moi : mais, en rendant justice aux talents transcendants des Dumarsais, des Condillac, des Beauzée, des Domergue, des Boinvillier, etc. on est obligé de convenir que ceux qui ont tenté de suivre la même carrière, se sont trop livrés à de vaines théories, et qu'ils n'ont point assez consulté l'expérience. On n'aura pas, je crois, le même reproche à me faire. Retiré à cent lieues de Paris, et entièrement libre de mes loisirs, je me prêtai à donner quelques leçons de grammaire à des jeunes-gens qui n'avaient aucune teinture du latin. J'employai d'abord avec eux les définitions usitées par nos grammairiens; mais je remarquai bientôt que, même après de longs efforts, mes élèves ne me comprenaient qu'à demi, parce que ces définitions supposent déjà dans le disciple des connaissances que n'ont point la plupart des commençants. Il me fallut donc simplifier les points qui méritaient d'être simplifiés, éclaircir les règles qui étaient obscures et en créer même au besoin de nouvelles : c'est à quoi s'est borné tout mon travail. Je hasarde aujourd'hui d'en présenter le résultat au public : je ne m'y serais jamais déterminé, si des personnes de mérite, témoins des progrès de mes élèves, ne m'avaient encouragé à mettre au jour une méthode qui leur paraissait pouvoir être utile aux instituteurs de nos départements, et devoir leur procurer les mêmes succès que ceux que j'ai obtenus.

Voici le plan de l'ouvrage. Il renferme trois parties.

La *première* partie, divisée en neuf chapitres, traite des neuf mots qui composent le discours; les règles les plus simples de la syntaxe y sont exposées. Quatre articles doivent fixer principalement l'attention du jeune lecteur :

1°. La nomenclature des pronoms personnels, page 23.

2°. Le tableau synoptique (page 44) de la formation des temps simples, et de l'application des lettres finales dans les deux conjugaisons, tableau vraiment neuf, d'une simplicité que les maîtres apprécieront sans doute, et que ne sauraient trop méditer les commençants.

3°. Une théorie nouvelle des participes-passés, (*Voyez* l'article du PARTICIPE, 1re. partie, chapitre V.) Peut-être ne sera-t-on pas mécontent de la manière dont je l'ai développée.

4°. La concordance des temps du subjonctif, chapitre VIII.

La *seconde* partie forme deux chapitres.

Dans le premier chapitre, je reviens sur chacun des mots qui composent le discours, et j'y donne quelques règles, qui, classées dans la première partie, auraient pu, à raison des difficultés qu'elles présentent, jeter de la confusion dans l'esprit des enfants.

Dans le second, je parle de la construction.

L'orthographe et la prononciation font le sujet de la *troisième* partie; c'est celle qui m'a, je l'avoue, le plus coûté : elle est divisée en cinq chapitres.

Le premier chapitre roule tout entier sur l'accentuation et sur la ponctuation. Celle-ci méritait une attention particulière; aussi trouvera-t-on que je l'ai traitée avec quelque soin.

Le second offre des remarques sur l'emploi et sur le son de quelques lettres.

Le troisième indique les cas où les consonnes se redoublent : ce chapitre, lu attentivement, poura jeter un grand jour sur l'orthographe.

Le quatrième a pour objet la dérivation, qui supplée souvent au silence des règles.

Enfin, dans le cinquième, je donne l'orthographe des mots les plus difficiles, tels que ceux qui réclament le *ph*, le *th*, l'*y* grec, etc., etc. Je ne dirai pas que ce chapitre a exigé de moi des recherches longues et fastidieuses; le lecteur le sentira sans peine.

Viennent ensuite trois tableaux que l'on consultera, si l'on veut. Le premier tableau traite des mots homonymes dont l'orthographe pourait embarrasser les enfants; le second, d'une foule de locutions vicieuses; le troisième, des barbarismes.

La table des matières est très ample. Elle est rédigée de manière qu'elle poura, si je ne me trompe, être lue avec fruit.

Je terminerai cette préface par deux remarques particulières.

J'ai conservé le T au pluriel des noms (ou substantifs) et des adjectifs en *ant* et en *ent* de plus d'une syllabe : le S étant une lettre simple, ne peut en aucun cas tenir lieu du T. D'ailleurs, puisque l'on conserve cette lettre dans

Des *gants*, des hommes *lents*, les *vents*;

pourquoi la supprimerait-on dans

Des hommes *arrogans*, des hommes *indolens*, des *auvens*?

J'écris donc :

Des hommes ARROGANTS, des hommes INDOLENTS, des AUVENTS.

Cette orthographe a de plus cet avantage, qu'en retranchant le S pluriel des mots, on a le singulier, tel qu'il doit s'écrire.

EXEMPLES:

Pluriel : Des *romans*, des *ornements*.
Singulier : Un *roman*, un *ornement*.

Au lieu que si l'on écrivait

Des *romans*, des ORNEMENS,

les enfants et surtout les étrangers pouraient hésiter entre

Un *roman*, un ORNEMEN,

et

Un ROMANT, un *ornement*.

Il est clair que

Des *paysans bienfaisants*

doit faire au féminin singulier

Une *paysane bienfaisante* ;

mais un enfant, un étranger ne seraient-ils pas en droit de penser que

Des *paysans* BIENFAISANS

doit faire au singulier féminin

Une *paysane* (1) BIENFAISANE ?

Ces raisons doivent suffire pour engager les jeunes-gens à conserver le T au pluriel des mots en *ant* et en *ent* de plus d'une syllabe.

J'ai substitué l'A à l'O dans les imparfaits et dans les conditionnels présents des verbes. Ce système qui rapproche l'écriture de la prononciation sans blesser l'étymologie, entraîne aujourd'hui la majorité ; il est d'ailleurs bien préférable à l'autre. En effet, je suppose que l'on fasse lire à un enfant de sept ans les deux phrases suivantes :

Il PERÇOIT *un impôt;*
Il PERÇOIT *un tonneau;*

je suis persuadé qu'il prononcera les deux finales ÇOIT de *perçoit*, comme dans le pronom *soi*; mais, s'il les voit écrites comme il suit :

Il PERÇOIT *un impôt;*
Il PERÇAIT *un tonneau;*

alors plus de difficultés pour l'enfant ; il donnera infailliblement à *perçoit* et à *perçait* le son que chacun de ces mots doit avoir : avantage inap-

(1) L'académie écrit *paysanne* par deux N.

préciable qui m'a déterminé à abandonner en ce point l'orthographe de l'académie.

On sent bien que j'écris également par un A *fAiblesse*, *affAiblir*, *monnAie*, *françAis*, *anglAis*, *connAître*, *parAître*, etc. etc., enfin tous les mots où l'on entend un son approchant de la dernière syllabe de *ja*-MAIS.

Puisse cet opuscule faciliter le travail des commençants, et détruire ce préjugé vraiment décourageant pour la jeunesse, que l'étude du latin est *indispensable* pour celle de notre langue; puisse-t-il, vu son extrême simplicité, épargner quelques larmes à cet âge aimable! Je serai bien récompensé.

NOTA. J'engage les jeunes-gens qui voudront faire emplette d'un vocabulaire, à se procurer celui de MM. Wailly, 2e. édition, 1 volume in-8°. Cet ouvrage, dont le prix est modique, est au courant de l'usage actuel, et laisse peu de choses à désirer.

On aura soin de corriger dans ce vocabulaire les fautes de typographie suivantes:

Ardoisure, *lisez*	Ardoisière.
Athlhète, *lisez*	Athlète.
Ostensible (qu'on peut monter), *lisez*	Ostensible (qu'on peut montrer).
Châlons (Haute-Marne), *lisez*.	Châlons (Marne).
Vassy (Marne), *lisez*	Vassy (Haute-Marne).
Trieste, ville de France, *lisez*	Trieste, ville d'Autriche.

ÉLÉMENTS
DE
GRAMMAIRE FRANÇAISE.

PREMIÈRE PARTIE.

INTRODUCTION.

La Grammaire est l'art de parler et d'écrire correctement. Pour parler et pour écrire, on emploie des mots : un mot est une réunion, un assemblage de lettres.

Il y a deux sortes de lettres, les *Voyelles* et les *Consonnes*.

On compte communément cinq voyelles, A, E, I, O, U. On les appelle ainsi, parce que, seules, elles forment une voix, un son.

On distingue quatre sortes d'E, savoir l'*e* muet, l'*é* fermé, l'*è* ouvert et l'*e* moyen.

L'*e* muet a reçu ce nom, parce que le son en est sourd et peu sensible, comme à la fin de ces mots, *tombe*, *voile*, *monde*. Il y a deux *e* muets dans chacun des mots suivants, *mesure*, *demande*.

L'*e* fermé se prononce la bouche presque fermée, comme à la fin de ces mots, *bonté*, *café*, *pré*, etc. On met toujours sur l'*é* fermé un accent aigu dont voici la forme (´).

L'*e* plus ou moins ouvert se prononce en desserrant les dents, comme dans *abcès*, *accès*, *décès*, *excès*, *procès*, *progrès*, *succès*, *près* de, *auprès* de, *après*, *dès* le matin, ou dans ils *chantèrent*, ils *prièrent*, *père*, *poète*, *modèle*, *scène*, *remède*, *collège*, *règle*, *zèle*, etc. On met toujours sur l'*e* ouvert un accent grave dont voici la forme (`).

L'*e* qui n'est ni entièrement fermé ni entièrement ouvert, prend le nom d'*e* moyen : le premier *e* de *elle* est un *e* moyen. (Remarquez qu'il fait doubler ordinairement la consonne qui le suit, comme dans *voyelle*, *lettre*, *permettre*, etc.)

L'Y, qu'on peut considérer comme une sixième voyelle, se met le plus souvent à la place de deux *ii*, comme dans ces mots : *ayant*, *croyable*, *pays*, *moyen*, *citoyen*, *royaume*, *rayon*, *joyeux*, *voyage*, nous *voyons*, etc. Prononcez : *ai-iant* (1), *croi-iable*, *pai-is*, *moi-ien*, *citoi-ien*, *roi-iaume*, *rai-ion*, *joi-ieux*, *voi-iage*,

---

(1) *A-iant* est une prononciation vicieuse.

nous *voi-ions*. (L'*y* ne se prononce comme un *i* simple, que dans certains mots tirés des langues étrangères ; tels sont : *mystère*, *physique*, *synode*, etc. (*Voyez* le Y, 3e. partie, chapitre V.)

On compte dix-huit consonnes, savoir, B, C, D, F, G, J, K, L, M, N, P, Q, R, S, T, V, X, Z. On les appelle consonnes, parce qu'elles ne peuvent former un son qu'à l'aide d'une voyelle. Pour articuler, par exemple, les consonnes B, F, Q, etc. il faut prononcer, suivant l'ancienne appellation : BÉ, EF, QU ; et suivant la nouvelle : BE, FE, KE. Ainsi, il y a cette différence entre les voyelles et les consonnes, que les voyelles forment un son d'elles-mêmes, au lieu que les consonnes ne peuvent *sonner*, former un son qu'avec le secours des voyelles.

La lettre H est tantôt *muette*, tantôt *aspirée*.

Elle est muette ou nulle quand elle n'ajoute rien à la prononciation, comme *l'homme*, *l'honneur*, *l'honnêteté*, *l'histoire*, *l'humeur*, *j'honore*, etc. qu'on prononce comme s'il y avait : *l'omme*, *l'onneur*, *l'onnêteté*, *l'istoire*, *l'umeur*, *j'onore*.

La lettre H est aspirée (et c'est alors une vraie consonne), quand elle fait prononcer avec aspiration, c'est-à-dire du gosier, la voyelle qui la suit. On écrit et l'on prononce alors séparément les deux mots *le héros* (et non pas *l'héros*) ; *le hameau* (et non pas *l'hameau*) ; *la haine* (et non pas *l'haine*) ; *le hasard* (et non pas *l'hasard*) ; *se hâter* (et non pas *s'hâter*) ; *se haïr* (et non pas *s'haïr*). (*Voyez* le H, 3e. partie, chap. II.)

Il est à remarquer qu'on doit toujours faire sentir, *sonner*, la consonne qui précède le H muet, et qu'on ne doit jamais faire sentir la consonne qui précède le H aspiré.

H muet :	Petit homme. Petits hommes. La classe des honnêtes gens.	Prononcez :	Petit thomme. Petits zhommes. La classe des zhonnêtes gens.
H aspiré :	Petit hameau. Petits hameaux. Les héros. Des haricots. Des harengs. Il est { hardi. honteux. hideux. hors de doute. } Nous haïssons.	Prononcez :	Peti hameau. Peti hameaux. Lè héros. Dè haricots. Dè harengs. Il è { hardi. honteux. hideux. hors de doute. } Nou haïssons.

Outre l'accent aigu (´) et l'accent grave (`), il y a encore un troisième accent qu'on appelle accent circonflexe, et dont voici la forme (^) : ce n'est rien autre chose que l'accent aigu et l'accent grave réunis. Cet accent se met sur les voyelles longues telles que celles des mots *âne*, *tête*, *gîte*, *rôle*, *flûte*, etc. On entend par voyelle longue une voyelle sur laquelle on appuie plus que sur les autres, en la prononçant.

Il y a neuf différentes espèces de mots qui composent le discours ; ces mots sont l'*Article*, le *Nom*, l'*Adjectif*, le *Pronom*, le *Verbe*, l'*Adverbe*, la *Préposition*, la *Conjonction* et l'*Interjection*. On ne peut dire aucun mot qui ne soit compris dans l'une de ces neuf classes.

Le *Discours* est composé de *phrases*.

Les *Phrases* ou *Propositions* sont composées de *mots* formant un sens complet. *La terre est ronde*, par exemple, forme une phrase ou proposition.

Les *mots* (1) sont, comme on sait, composés de lettres.

Avant de parler de l'article, il est bon d'expliquer ce que c'est que le *Genre* et le *Nombre.*

DU GENRE.

Le Genre est une manière de désigner les sexes.

Il y a deux genres ou sexes; le *Masculin* et le *Féminin.*

Le *Masculin* se dit et s'entend de tout ce qui est *homme* ou *mâle*, comme LE PÈRE, *le lion*, *le chien*, etc.

Le *Féminin* se dit et s'entend de tout ce qui est *femme* ou *femelle*, comme LA MÈRE, *la lionne*, *la chienne*, etc.

Plusieurs noms de choses sont aussi ou *masculins* ou *féminins* suivant l'usage; ainsi *le soleil*, *le bâtiment*, sont du genre masculin, et *la lune*, *la maison* sont du genre féminin.

DU NOMBRE.

Le Nombre est une manière de désigner l'*unité* ou la *pluralité* des personnes ou des choses.

Il y a deux nombres; le *Singulier* et le *Pluriel.*

Le *Singulier* se dit et s'entend d'une *seule* personne ou d'une *seule* chose, comme *un homme*, *un crayon*, *une plume*, etc.

Le *Pluriel* se dit et s'entend de *plusieurs* personnes ou de *plusieurs* choses, comme *les hommes*, *les crayons*, *les plumes*, etc.

CHAPITRE PREMIER.

DE L'ARTICLE.

L'ARTICLE est un petit mot qui fait connaître le genre et le nombre des personnes ou des choses, c'est-à-dire tout ce qui est *mâle* ou *femelle* (ou considéré comme *tel*), et tout ce qui est du *singulier* ou du *pluriel.*

---

(1) Il y a des mots d'une et de plusieurs *syllabes*. On entend par syllabe chaque son exprimé par une ou plusieurs lettres. *A-mi*, *ver-tu* sont des mots de deux syllabes; *i-ma-ge* est de trois syllabes, et *per-pen-di-cu-lai-re-ment* est de sept syllabes.

Les mots d'une seule syllabe, tels que *loi*, *paix*, *temps*, etc. s'appellent aussi *monosyllabes*. Il y a six monosyllabes dans chacune des phrases suivantes : « *Je vous hais à la mort.* » « *Je me plais dans ce lieu.* »

L'article LE et l'article LA indiquent le *singulier*.
L'article . . . . . LES . . . . . indique le *pluriel*.
L'article *le* indique le *masculin* } *singulier* (1).
L'article *la* indique le *féminin* }
L'article *les* indique le *pluriel* des deux genres, c'est-à-dire tantôt le *masculin-pluriel* et tantôt le *féminin-pluriel*.

Ainsi { LE *père*, LE *bâtiment* sont du *masculin-singulier*.
LA *mère*, LA *maison* sont du *féminin-singulier*.
LES *pères*, LES *bâtiments* sont du *masculin-pluriel*.
LES *mères*, LES *maisons* sont du *féminin-pluriel*.

PREMIÈRE REMARQUE. Quand on veut s'assurer de quel genre est un mot qui est au pluriel, comme *les bâtiments*, *les maisons*, il suffit de replacer ce mot au singulier, LE *bâtiment*, LA *maison* : *le* fait connaître que *bâtiment* est du *masculin* ; *la* fait connaître que *maison* est du *féminin*.

DEUXIÈME REMARQUE. Quand un mot commence par une *voyelle* ou un *h muet*, on retranche, *au singulier*, la voyelle de l'article *le* ou de l'article *la*, et on la remplace par une apostrophe dont voici la figure (') : ainsi, au lieu de dire *le amour*, *la amitié*, *le honneur*, *la honnête* femme, on dit *l'amour*, *l'amitié*, *l'honneur*, *l'honnête* femme.

TROISIÈME REMARQUE. Pour connaître le genre d'un mot qui commence par une *voyelle* ou un *h muet* (ce qui ne peut se faire quand la voyelle E ou la voyelle A de l'article singulier est retranchée), faites précéder ce mot de *grand* ou de *petit*, de *bon* ou de *mauvais*. Voulez-vous vous assurer, par exemple, de quel genre sont les mots *honneur*, *amitié* (que vous devez écrire au singulier de la manière suivante *l'honneur*, *l'amitié*) ? dites LE *grand honneur*, LA *bonne amitié* ; l'article *le* prouve que *honneur* est du *masculin*, l'article *la* prouve que *amitié* est du *féminin* (2).

---

(1) *Un* marque aussi le *masculin-singulier*, comme *un père*, *un bâtiment* ; *Une* marque le *féminin-singulier*, comme *une mère*, *une maison*.

(2) Au lieu de *de le*, on met *du* avant un mot du masculin singulier, commençant par une consonne ou un H aspiré.

Au lieu de *à le*, on met *au*.

EXEMPLES :

La grandeur *du* monde (c'est-à-dire *de le* monde).
Cher *au* hameau (c'est-à-dire *à le* hameau).

Avant les noms pluriels, on met { *des* pour *de les*.
aux pour *à les*.

EXEMPLES :

La sévérité *des* pères (pour *de les* pères). La tendresse *des* mères (pour *de les* mères).
Il faut se conformer *aux* usages (pour *à les* usages).

La preuve que *du* est mis pour *de le*, *au* pour *à le*, *des* pour *de les*, *aux* pour *à les*, c'est qu'on peut dire, en employant le mot *tout* :

Être aimé *de* tout *le* monde.
Être cher *à* tout *le* hameau.
La sévérité *de* tous *les* pères. La tendresse *de* toutes *les* mères.
Il faut se conformer *à* tous *les* usages.

CHAPITRE DEUXIÈME.

DU NOM[1].

Le *Nom* est un mot qui sert à *nommer* une personne ou une chose, comme *Alexandre*, *ville*, *maison*, *table*, *plume*, *crayon*, etc.

Il y a trois sortes de noms ; le *nom-propre*, le *nom-commun* et le *nom-collectif*.

Le *nom-propre* ne convient qu'à une seule personne ou à une seule chose : *Alexandre*, *Julie*, *Paris*, *Lyon*, *la Seine*, *le Rhin*, etc. sont des *noms-propres*.

Le *nom-commun* convient à plusieurs personnes ou à plusieurs choses : *homme*, *royaume*, *ville*, *maison*, *rivière*, etc. sont des *noms-communs*. En effet, le nom *homme* convient à *Pierre* et à *Paul ;* on peut dire : *le royaume d'Espagne*, *le royaume de Prusse ; la ville de Paris*, *la ville de Lyon*, etc. etc.

Le *nom-collectif* donne une idée d'assemblage, de *collection*.

Désigne-t-il un *tout ?* on l'appelle *nom-collectif*-GÉNÉRAL ; tels sont les noms *le peuple*, *l'armée*, *la forêt*, *la société*, etc. Le nom *peuple*, par exemple, présente à l'esprit une multitude d'individus, *tous* les individus dont une nation se compose ; le nom *forêt* présente à l'esprit une immense quantité d'arbres, *tous* les arbres de tel ou tel bois, etc. etc.

Désigne-t-il seulement une *partie* d'un tout? on l'appelle alors *nom-collectif*-PARTITIF ; tels sont *une foule de*, *une troupe de*, *un grand nombre de*, *une quantité de*, *une infinité de*, *la plupart de*, *une centaine de*, *une douzaine de*, *la moitié de*, etc. etc. Quand je dis : *La plupart des hommes sont trop prompts dans leurs jugements*, je ne veux pas faire entendre que *tous* les hommes soient trop prompts dans leurs jugements, mais je dis seulement qu'une *partie* des hommes le sont : de là la dénomination de *nom-collectif*-PARTITIF.

Les noms suivants qui présentent une signification *vague*, et qui sont tous du *masculin-singulier*, s'appellent *noms-indéfinis*, c'est-à-dire *indéterminés*.

On :	ON est *heureux*, quand *on* peut obliger les autres.
Ce :	CE qui n'est pas *clair*, n'est pas français. (RIVAROL.)
Quiconque :	QUICONQUE *est* soupçonneux, *invite à le trahir*. (VOLTAIRE.)
Chacun :	CHACUN *se dit* ami, *mais fou qui s'y repose :*
Rien :	{ RIEN *n'est plus* commun *que le nom*, RIEN *n'est plus* rare *que la chose*. (LA FONTAINE.)
Tout :	TOUT *vous est* pardonné, *puisque je vois vos pleurs*. (VOLTAIRE.)
Personne, *autrui :*	PERSONNE ne s'avise presque de *lui*-même du mérite d'*autrui*. (LA BRUYÈRE.)
Que / *Quoi* } pour *quelle chose :*	{ Qu'y a-t-il de plus *beau* / QUOI de plus *beau* } que la bienfaisance ?
Ceci, *celà :*	CECI est *bon*, CELA est *mauvais*.

[1] Ou *substantif*. On appelle aussi le nom, *substantif*, parce qu'il marque une chose qui existe, qui *subsiste* ou dans la nature, comme *homme*, *arbre*, *table*, etc. ; ou dans notre imagination, comme *espoir*, *rivalité*, etc.

FORMATION DU PLURIEL DES NOMS COMMUNS ET COLLECTIFS.

RÈGLE. Pour former le pluriel des noms, on ajoute simplement S à la fin du mot.

SING. La *plaie*, la *statue*, la *vérité*, le *cri*, la *loi*, le *droit*, la *vertu*, l'*enfant*, le *serment*.
PLUR. Les *plaies*, les *statues*, les *vérités*, les *cris*, les *lois*, les *droits*, les *vertus*, les *enfants*, les *serments*.

PREMIÈRE EXCEPTION. Quand un nom est terminé par S, X ou Z, on n'ajoute rien au pluriel.

SING. Le *temps*, la *voix*, le *nez*;
PLUR. Les *temps*, les *voix*, les *nez*.

(Voyez les mots *sans dérivé* terminés par S, X, Z, 3e. partie, chap. IV.)

DEUXIÈME EXCEPTION. Les noms terminés par AL au singulier, changent AL en AUX au pluriel.

SING. L'*arsenal*, le *cheval*, l'*hôpital*, le *mal*, etc.
PLUR. Les *arsenaux*, les *chevaux*, les *hôpitaux*, les *maux*, etc.

(*Bal* (danse) et *régal* font cependant au pluriel *bals* et *régals*.)

TROISIÈME EXCEPTION. Les noms qui sont terminés au singulier

par AU. . . . EU . . . . OU prennent X au pluriel.

	AU	EU	OU
SING.	L'*eau* à boire,	Le *jeu*,	Le *caillou*,
	Le *château*,	Le *lieu*,	Le *bijou*,
	Le *tableau*;	Le *vœu*;	Le *filou*;
PLUR.	Les *eaux*,	Les *jeux*,	Les *cailloux*,
	Les *châteaux*,	Les *lieux*,	Les *bijoux*,
	Les *tableaux*.	Les *vœux*.	Les *filoux*.

Exceptez en les six noms suivants : *Cou*, *Clou*, *Ecrou*, *Matou*, *Sou* et *Trou* qui prennent S au pluriel.

QUATRIÈME EXCEPTION. Les noms suivants en AIL changent au pluriel AIL en AUX.

SINGULIER :	PLURIEL :
Bail,	*Baux*,
Travail (peine, fatigue),	*Travaux*,
Corail,	*Coraux*,
Email,	*Emaux*,
Soupirail,	*Soupiraux*.

Ail et *Bétail* font au pluriel : *Aulx*, *Bestiaux*.

Les autres noms en AIL suivent la règle générale, et prennent S au pluriel.

Attirail, *Bercail*, *Camail*, *Détail*, *Epouvantail*, *Eventail*, *Gouvernail*, *Mail*, *Poitrail*, *Portail*, *Sérail* et *Travail* (machine de bois à 4 piliers où l'on ferre les chevaux vicieux). Pluriel : S.

Ciel (firmament), *œil* et *aïeul* font au pluriel *cieux*, *yeux* et *aïeux*.

On dit cependant : *Des ciels de lit*, *des ciels de tableau*, *des œils de bœuf*. (Un œil de bœuf est une croisée ovale.)

Il y a des noms qui n'ont pas de pluriel, comme *la faim*, *la soif*, *le courroux*, *l'or*, etc.

Il y en a qui n'ont au contraire que le pluriel, comme *les ancêtres*, *les pleurs*, *les funérailles*, *les ténèbres*, *les mœurs*, *les vitraux*, *les gens*, etc.

CHAPITRE TROISIÈME.

DE L'ADJECTIF (1).

ADJECTIF signifie *joint à*, *ajouté*.

L'*Adjectif* est un mot qui *ajoute* au nom une *qualité*, une *idée secondaire*.

Quand je dis : Un homme *brave*, une *bonne* femme, un enfant *ignorant*, une *sotte* réponse, une table *ronde*, un chapeau *fin*, un mouchoir *rouge*, le *premier* bataillon, le *deuxième* régiment, etc. etc. *brave*, *bonne*, *ignorant*, *sotte*, *ronde*, *fin*, *rouge*, *premier*, *deuxième* sont des *adjectifs*.

Brave attache l'idée secondaire de *bravoure* au nom *homme* ; *bonne*, celle de *bonté* à *femme* ; *ignorant*, celle d'*ignorance* à *enfant* ; *sotte*, celle de *sottise* à *réponse* ; *ronde*, celle de *rondeur* à *table* ; *fin*, celle de *finesse* à *chapeau* ; *rouge*, celle de *rougeur* à *mouchoir* ; *premier* attache au nom *bataillon* une idée de *primauté* ; *deuxième* attache au nom *régiment* une idée de *second rang* (2).

La plupart des adjectifs sont *qualificatifs*, c'est-à-dire marquent une *qualité* : tels sont ceux que je viens de rapporter.

L'*adjectif-indéfini* n'ajoute au nom qu'une *idée vague*, *indéterminée* : tels sont : *aucun*, *nul*, *chaque*, *quelconque* ; *tout* signifiant *chaque* (ces cinq adjectifs n'ont pas de pluriel (3)) ; *quel*, *quelque*, *certain*, *un*, *autre*, et *plusieurs* (adjectif pluriel des deux genres.)

EXEMPLES :

Nul homme n'a tout en partage.
Croyez que chaque *jour est pour vous le dernier.* (HORACE.)
Quel *homme est sans erreur, et* quel *roi sans faiblesse ?* (RACINE.)

Nul et *plusieurs* s'emploient souvent seuls : NUL *n'a tout en partage*. (LA FONTAINE.) PLUSIEURS *m'ont assuré que*, etc.

L'*adjectif-démonstratif* ajoute au nom une idée d'*indication*, *montre* l'objet dont

(1) Les Grammairiens modernes appellent l'adjectif, *attribut* : l'attribut, disent-ils, est un mot qui *attache*, qui *attribue* au nom (ou *substantif*) une idée secondaire.

(2) Rien n'est plus facile que de distinguer un *adjectif* d'un *nom*. Quand le nom *personne* ou *chose* peut être joint à un *mot*, ce mot est un ADJECTIF ; *faible*, *utile*, *admirable*, sont des *adjectifs*, parce qu'on peut dire : Une PERSONNE *faible*, une CHOSE *utile*, *admirable*. Quand, au contraire, le nom *personne* ou *chose* ne peut être joint à un *mot*, ce mot est un NOM ; *table*, *couleur*, sont des *noms*, parce qu'on ne peut pas dire PERSONNE *table*, CHOSE *couleur*, *table* PERSONNE, *couleur* CHOSE.

(3) *Tout*, présentant une idée de *totalité*, a un pluriel : *Tous* les arts, *toutes* les sciences.

on parle. Il n'y a qu'un adjectif démonstratif, savoir, *Ce* ou *cet* pour le masculin-singulier; féminin, *cette;* pluriel des deux genres, *ces.*

Ce fleuve, *ce* héros (1), *cet* oiseau, *cet* homme (2).
Cette femme, *cette* image, *cette* humeur, *cette* haine.

Ces { fleuves. héros. oiseaux. hommes. femmes images. humeurs. haînes. }

On doit dire aussi : *Ce* hideux objet ; et : *Cet* honorable témoignage.

L'*adjectif-numéral* ajoute au nom une idée de *nombre*, de *quantité*, tels sont, *un*, *deux*, *trois*, *quatre*, *cinq*, *six*, *sept*, *huit*, *neuf*, *dix*, *onze*, *douze*, *treize*, *quatorze*, *quinze*, *seize*, *dix-sept*, *dix-huit*, *dix-neuf*, *vingt*, *trente*, *quarante*, *cinquante*, *soixante*, *cent*, *mille*, *dix mille*, etc.

Excepté *un* qui fait *une*, tous ces adjectifs qui sont des deux genres, ne prennent jamais la marque du pluriel, et l'on dit : *Les* quatre *saisons. Se parler entre* quatre *yeux. Il a* trente *ans.* Mille *hommes.* Cinq mille *individus.*

(Voyez *vingt* et *cent*, 2e. partie, chap. I.)

Le nom n'a ordinairement qu'un genre ; l'adjectif a les deux genres : le *masculin*, quand il est joint à un nom du masculin ; le *féminin*, quand il est joint à un nom du féminin : en un mot, l'adjectif prend le genre du nom auquel il se rapporte.

FORMATION DU FÉMININ DES ADJECTIFS.

PREMIÈRE RÈGLE. Tout adjectif terminé au masculin-singulier par un E *muet*, ne change pas de terminaison au féminin-singulier ; exemples : Un homme *aimable*, une femme *aimable ;* le *troisième* jour, la *troisième* heure.

DEUXIÈME RÈGLE. Tout adjectif qui n'est pas terminé au masculin-singulier par un E *muet*, en prend un au féminin ; exemples : Un homme *grand*, une femme *grande ;* sensé, *sensée ;* créé, *créée ;* vrai, *vraie ;* joli, *jolie ;* vert, *verte ;* nu, *nue ;* léger, *légère ;* ingrat, *ingrate ;* égal, *égale* (3) ; vil, *vile* (4) ; seul, *seule ;* brun, *brune*, etc. etc. etc.

Les adjectifs terminés au masculin-singulier par *el*, *eil*, *et*, *ot*, *en* et *on* redoublent au féminin la lettre finale de cette terminaison masculine.

---

(1) On voit que *ce* s'emploie avant un nom commençant par une *consonne* ou un H *aspiré.*

(2) *Cet* ne s'emploie qu'avant un nom commençant par une *voyelle* ou un H *muet.*

(3) Tous les adjectifs sont terminés en AL au masculin-singulier : *fatal*, *filial*, *impérial*, *original*, *rural*, etc. etc. etc. Il faut en excepter seulement les *cinq* suivants qui sont en ALE au masculin-singulier, *acéphale* (qui paraît être ou qui est *sans tête*), *mâle*, *ovale*, *pâle* et *sale.*

(4) Voici les adjectifs terminés en IL au masculin-singulier : *vil*, *civil*, *incivil*, *puéril*, *viril*, *volatil*, *sextil* et *subtil.* Tous les autres sont en ILE au masculin-singulier : *agile*, *fertile*, *facile*, *habile*, *servile*, *mobile*, *stérile*, *utile*, etc. etc. etc.

	Masculin	Féminin
EL . . .	Journel,	journelle.
	Pluriel,	plurielle.
	Tel, quel, etc.	telle, quelle (1).
EIL . . .	Pareil,	pareille.
	Vermeil, etc.	vermeille.
ET . . .	Coquet,	coquette.
	Muet,	muette.
	Sujet, etc. etc.	sujette.
OT . . .	Marmot,	marmotte.
	Vieillot,	vieillotte.
	Sot, etc. etc.	sotte.
EN . . .	Moyen,	moyenne.
	Ancien, etc. etc.	ancienne.
ON . . .	Bon,	bonne.
	Mignon, etc. etc.	mignonne.

EXCEPTIONS.

Les seuls adjectifs suivants font

Au masculin :	*Au féminin :*
Complet, incomplet, Discret, indiscret, Inquiet, secret	*ète.*
Prêt	Prête.
Bigot, cagot, Dévot et idiot	*ote.*

Beau, *nouveau*, *fou*, *mou* et *vieux* font aussi au masculin-singulier *bel*, *nouvel*, *fol*, *mol* et *vieil* (seulement avant une *voyelle* ou un H *muet*) ; on dit : Un *bel* oiseau, un *nouvel* habit, un *fol* espoir, un *vieil* (ou mieux un *vieux*) ami, etc. C'est de cette terminaison qu'ils font au féminin *belle*, *nouvelle*, *folle*, *molle*, *vieille*. *Mol* est inusité. *Jumeau* fait *jumelle*. *Espagnol* fait *espagnole* par un seul L.

Gentil fait *gentille ; nul*, *nulle ; bas*, *gras*, *las*, *gros*, *épais*, *exprès*, *métis* font *basse*, *grasse*, *lasse*, *grosse*, *épaisse*, *expresse*, *métisse ; mat* fait *matte*.

Favori fait *favorite ; malin* et *bénin* font *maligne*, *bénigne*.

Blanc, *franc*, *sec* et *frais* font *blanche*, *franche*, *sèche* et *fraîche ; ammoniac*, *caduc*, *grec*, *public* et *turc* font *ammoniaque*, *caduque*, *grèque* (plutôt que *grecque*), *publique* et *turque*.

TROISIÈME RÈGLE. Tout adjectif terminé par F, change F en VE : *Bref* fait *brève ; grief*, *grième ; oisif*, *oisive ; naïf*, *naïve ; neuf*, *neuve ; sauf*, *sauve*, etc. *Long* fait *longue*.

QUATRIÈME RÈGLE. Tout adjectif terminé par X (2) au masculin-singulier, change au féminin X en S : *Heureux*, *vertueux*, *précieux*, *curieux*, *jaloux*, etc. font au féminin *heureuse*, *vertueuse*, *précieuse*, etc. etc.

Faux et *roux* font cependant au féminin *fausse* et *rousse* par deux S ; *préfix* fait *préfixe ; doux* fait *douce* par un C. *Tiers* fait également *tierce* par un C.

Les adjectifs terminés en EUR ont quatre terminaisons différentes.

1°. Les adjectifs relatés ci-après suivent la seconde règle, et prennent un E *muet* au féminin. *Antérieur*, *citérieur*, *extérieur*, *inférieur*, *intérieur*, *majeur*, *meilleur*, *mineur*, *postérieur*, *supérieur* et *ultérieur* font *antérieure*, *citérieure*, *extérieure*, etc. etc.

---

(1) Tous les adjectifs sont en EL au masculin-singulier : *annuel*, annuelle ; *réel*, réelle ; *mortel*, mortelle, etc. etc. etc. Trois exceptions, *grêle* (mince), *fidèle* et *rebelle* : Un corps *grêle*, une voix *grêle* ; un homme *fidèle*, une femme *fidèle* ; un enfant *rebelle*, une fille *rebelle*.

(2) Les adjectifs où le son final EU ou IEU domine sont toujours terminés par X au masculin-singulier : *hideuX*, *somptueuX*, *ambitieuX*, etc. Exceptez en le *seul* adjectif *bleu* : Un habit *bleu*, une couleur BLEUE. *Bleu*, *fou* et *mou* prennent un S au pluriel-masculin.

2°. Les adjectifs formés des *verbes* (voyez ce mot, page 29), changent ordinairement au féminin le R en S.

Un homme TROMPEUR (qui vient de *tromper*) fait *une femme* TROMPEUSE.
Un enfant DORMEUR (de *dormir*) *une fille* DORMEUSE.

Gouverneur, qui vient de *gouverner*, fait cependant *gouvernante*.

3°. La plupart des adjectifs en TEUR changent *teur* en TRICE ; on dit : Un moyen *conciliateur*, une mesure *conciliatrice ;* un cri *accusateur*, une voix *accusatrice*, etc.

4°. *Enchanteur*, *vengeur* et *traître* font *enchanteresse*, *vengeresse*, *traîtresse*.

FORMATION DU PLURIEL DES ADJECTIFS.

Le pluriel des adjectifs se forme comme celui des noms, par la simple addition d'un S.

Sing. : *Bon*, *bonne ; civil*, *civile ; vif*, *vive ; cruel*, *cruelle ; plat*, *plate ; petit*, *petite ; prudent*, *prudente ;* etc.
Plur. : BONS, BONNES ; CIVILS, CIVILES ; VIFS, VIVES ; CRUELS, CRUELLES ; PLATS, PLATES ; PETITS, PETITES ; PRUDENTS, PRUDENTES, etc.

EXCEPTIONS. Tout adjectif terminé au singulier-masculin par S ou par X, ne change pas de terminaison au masculin-pluriel ; on dit : Un homme *pervers*, des hommes *pervers ;* un troupeau *épars*, des cheveux *épars ;* un individu *heureux*, des individus *heureux ;* un enfant *envieux*, des enfants *envieux*.

Beau, *jumeau*, *nouveau*, etc. font au pluriel-masculin *beaux*, *jumeaux*, *nouveaux*.

Les adjectifs terminés en AL au masculin-singulier, changent AL en AUX au masculin-pluriel : *Egal* fait *égaux ; original*, *originaux ; rural*, *ruraux*, etc. etc.

Plusieurs adjectifs en AL n'ont pas de pluriel-masculin ; tels sont *austral*, *boréal*, *jovial*, *natal* et peut-être *final*, *fatal*, *naval*.

On ne doit point hésiter à dire : Des liens *conjugaux ;* des repas *frugaux ;* des commentaires *littéraux ;* des chapitres *cathédraux ;* des cierges *pascaux* (et non *pascals*) ; des jeux *pastoraux ;* des détails *triviaux ;* des accessoires *théâtraux* (et non pas *théâtrals*, comme l'a dit La Harpe) ; des hommes *vénaux*.

Tout, marquant une totalité, fait au pluriel-masculin *tous* (plus usité que *touts*) :

Hélas ! tous *les humains ont besoin de clémence !* (VOLTAIRE.)

ACCORD DE L'ADJECTIF AVEC LE NOM.

PREMIÈRE RÈGLE. Tout adjectif doit être du même genre et du même nombre que le nom auquel il se rapporte.

EXEMPLE :

Le BON *garçon*, la BONNE *fille*.

Bon est au *masculin-singulier*, parce que *garçon* est du *masculin* et est mis au *singulier ; bonne* est au *féminin-singulier*, parce *fille* est du *féminin* et est employé au *singulier*.

Des *garçons* CHARMANTS, des *filles* CHARMANTES.

Charmants est au *masculin-pluriel*, parce que *garçon* est du *masculin* et est employé au *pluriel* dans la phrase ; *charmantes* est au *féminin-pluriel*, parce que *filles* est de ce *genre* et de ce *nombre*.

DEUXIÈME RÈGLE. Quand un adjectif se rapporte *à deux ou à plusieurs noms singuliers de même genre*, on met l'adjectif au *pluriel de ce genre*, deux singuliers demandant toujours un pluriel.

EXEMPLES:

Le *père* et le *fils* sont GRANDS.
Le *roi* et le *berger* sont ÉGAUX après la mort (1).
La *rose* et la *violette* sont ODORANTES.
Le *travail* et le *courage*, JOINTS ensemble et long-temps SOUTENUS, font surmonter tous les obstacles.

TROISIÈME RÈGLE. Quand un adjectif se rapporte *à deux ou à plusieurs noms* (singuliers ou pluriels) *de différent genre*, on met l'adjectif au *masculin-pluriel*.

EXEMPLES:

Mon *père* et ma *mère* sont GRANDS.
La *rose*, l'*œillet* et la *violette* sont ODORANTS.
L'*homme* et la *femme* ne sont pas ÉGAUX en droits.
Alexandre, roi de Macédoine, fit PRISONNIERS la *mère*, l'*épouse* et les *enfants* de Darius, roi de Perse.

L'adjectif, outre la qualité, la modification qu'il ajoute au nom, sert quelquefois à COMPARER deux personnes ou deux choses; quelquefois aussi il marque le SUPRÊME degré d'une qualité : de là la dénomination de *Comparatif* et de *Superlatif*, donnée dans ces cas-là à l'adjectif.

Quand l'adjectif établit une *comparaison* entre deux objets (il est alors précédé de *plus*, de *moins* ou d'*aussi*), il prend le nom de *Comparatif*.

EXEMPLES:

La France est *plus* grande que l'Angleterre. (*Comparatif de supériorité.*) (2)
L'Angleterre est *moins* grande que la France. (*Comparatif d'infériorité.*)
La ville de Paris est *aussi* grande que celle de Londres. (*Comparatif d'égalité.*)

Quand l'adjectif marque une qualité, soit au *suprême* degré, soit dans le plus haut degré possible, il prend le nom de *Superlatif*.

On distingue deux superlatifs; le *superlatif absolu* et le *superlatif relatif*.

---

(1) Quand un adjectif se rapporte à deux noms synonymes, c'est-à-dire qui ont à peu près la même signification, cet adjectif n'obéit qu'au dernier nom.

EXEMPLE:

Il a montré un courage, une intrépidité ÉTONNANTE (et non pas *étonnants*).

La raison de cette exception est qu'il n'y a réellement qu'*un* nom à qualifier, à modifier.
Il est à remarquer qu'on ne doit jamais lier par ET les deux noms synonymes.
On doit dire : *Il y a dans la véritable vertu une* candeur, *une* ingénuité *A LAQUELLE* (et non pas *auxquelles*) *on ne se méprend pas.* (FÉNELON.)

(2) Les trois adjectifs suivants, *meilleur, moindre, pire*, expriment seuls une comparaison. *Meilleur* est le comparatif de *bon*. Il est pour *plus bon*, qui ne se dit pas, quoiqu'on dise *moins bon* et *aussi bon*. *Moindre* est le comparatif de *petit*; il est pour *plus petit*, qui se dit aussi. *Pire* est le comparatif de *mauvais*; il est pour *plus mauvais*, dont on se sert également.

4

Bien, *fort* ou *très* placé avant un adjectif, marque un *superlatif absolu*. (*Absolu* signifie *sans relation à autre chose.*)

EXEMPLE:

La ville de Marseille est *bien* ancienne, *fort* grande et *très* commerçante. (1)

Le plus, *la plus* ou *les plus*, placé avant un adjectif, marque un *superlatif relatif.*

EXEMPLES:

L'absence est *le plus* grand des maux. (Sous-entendez *mal, est le plus grand mal.*)
(LA FONTAINE.)
Paris est *la plus* grande des villes de France.
Herschel et Lalande sont *les plus* grands astronomes d'Europe.

Ce superlatif s'appelle *relatif*, à cause du rapport, de la *relation* qu'il a toujours avec des choses exprimées ou sous-entendues.

Il est à remarquer que l'adjectif possessif *mon*, *ton*, *son*, *notre*, *votre*, *leur*, placé avant *meilleur*, *pire* ou *moindre*, et avant *plus* ou *moins*, marque un *superlatif relatif.*

EXEMPLES:

Louis est MON *plus* grand ami.
Louis est MON *meilleur* ami.

C'est-à-dire Louis est LE PLUS *grand*, LE *meilleur* de mes amis, en un mot, mon plus grand ami, mon meilleur ami, *relativement* aux autres. (On se souvient que *meilleur* signifie *plus bon* qui est un barbarisme.)

CHAPITRE QUATRIÈME.

DU PRONOM.

LE *Pronom* est un mot qui tient la place du nom et qui en évite la répétition.

PRONOMS PERSONNELS.

Les pronoms personnels sont ceux qui désignent les personnes; on compte trois personnes : la *première* est celle *qui parle*, comme *je chante*, *nous chantons*; la

(1) *Très* ne réclame pas plus le trait d'union (-) après lui, que *bien* et *fort*; écrivez donc *très commerçante*, *très certainement*, et non pas : *très-commerçante*, *très-certainement* : il faut être conséquent.

seconde est celle *à qui l'on parle*, comme *tu chantes*, *vous chantez ;* la troisième, celle *de qui l'on parle* ou *ce dont on parle*, comme *il* ou *elle chante*, *ils* ou *elles chantent*.

PRONOMS PERSONNELS DU SINGULIER.

PREMIÈRE PERSONNE.	*Je* (ou *moi*) des deux genres.	Pierre dira : *je* chante, c'est *moi* qui suis grand ; Anette dira : *je* chante, c'est *moi* qui suis grande.
	Me (pour *moi*, *à moi*,) des deux genres.	Anette dira : Louis *me* regarde, c'est-à-dire regarde *moi ; me* sourit, c'est-à-dire sourit *à moi*. Pierre dira : Julie *me* regarde, c'est-à-dire regarde *moi ; me* sourit, c'est-à-dire sourit *à moi*.
SECONDE PERSONNE.	*Tu* (ou *toi*) des deux genres.	Je dirai à Pierre : *tu* chantes c'est *toi* qui es grand ; . . . . . à Anette : *tu* chantes, c'est *toi* qui es grande.
	Te (pour *toi*, *à toi*,) des deux genres.	Je dirai à Pierre : Anette *te* regarde, c'est-à-dire regarde *toi ; te* sourit, sourit *à toi*. Je dirai à Anette : Louis *te* regarde, c'est-à-dire regarde *toi ; te* sourit, sourit *à toi*.
TROISIÈME PERSONNE.	*Il* (ou *lui*) du genre masculin.	On dira de Pierre : *il* chante, c'est *lui* qui est grand ;
	Elle, du genre féminin.	. . . . . d'Anette : *elle* chante, c'est *elle* qui est grande.
	Le, du genre masculin.	Je dirai de Pierre : je *le* vois, c'est-à-dire je vois *lui ;*
	La, du genre féminin.	. . . . . d'Anette : je *la* vois, c'est-à-dire je vois *elle*.
	Lui (pour *à lui*, *à elle*), des deux genres.	Je dirai en parlant de Pierre : je *lui* dois le respect, c'est-à-dire je dois le respect *à lui ;* Je dirai en parlant d'Anette : je *lui* dois le respect, c'est-à-dire je dois le respect *à elle*.

PRONOMS PERSONNELS DU PLURIEL.

PREMIÈRE PERSONNE.	*Nous*, des deux genres.	Pierre et Paul diront : *nous* chantons c'est *nous* qui sommes grands ; Anette et Julie diront : *nous* chantons, c'est *nous* qui sommes grandes.
	Nous (pour *nous*, *à nous*), des deux genres.	Pierre et Paul diront : Louis *nous* regarde, c'est-à-dire regarde *nous ; nous* sourit, c'est-à-dire sourit *à nous*. Anette et Julie diront : Louis *nous* regarde, c'est-à-dire regarde *nous ; nous* sourit, c'est-à-dire sourit *à nous*.
SECONDE PERSONNE.	*Vous*, des deux genres.	Je dirai à Pierre et à Paul : *vous* chantez, c'est *vous* qui êtes grands ; . . . . . à Anette et à Julie : *vous* chantez, c'est *vous* qui êtes grandes.
	Vous (pour *vous*, *à vous*), des deux genres.	Je dirai à Pierre et à Paul : Louis *vous* regarde, c'est-à-dire regarde *vous ; vous* sourit, sourit *à vous*. . . . . à Anette et à Julie : Louis *vous* regarde, c'est-à-dire regarde *vous ; vous* sourit, sourit *à vous*.
TROISIÈME PERSONNE.	*Ils* (ou *eux*) du genre masculin.	On dira de Pierre et de Paul : *ils* chantent, ce sont *eux* qui sont grands. (On dirait également de Pierre et de Julie : *ils* chantent, deux ou plusieurs singuliers de divers genres demandant un pronom du *masculin-pluriel*.)
	Elles, du genre féminin.	On dira d'Anette et de Julie : *elles* chantent, ce sont *elles* qui sont grandes.
	Les (pour *eux*, *elles*), des deux genres.	Je dirai de Pierre et de Paul : je *les* vois, c'est-à-dire je vois *eux ;* . . . . . d'Anette et de Julie : je *les* vois, c'est-à-dire je vois *elles*.
	Leur (pour *à eux*, *à elles*), des deux genres.	Je dirai en parlant de Pierre et de Paul : je *leur* dois le respect, c'est-à-dire je dois le respect *à eux ;* Je dirai en parlant d'Anette et de Julie : je *leur* dois le respect, c'est-à-dire je dois le respect *à elles*.

On voit

1°. Que les pronoms-personnels-singuliers *je*, *me*, *tu*, *te*, et *lui* (pour *à lui*, *à elle*), et que les pronoms-personnels-pluriels *nous*, *vous*, *leur* et *les* sont des deux genres, c'est-à-dire tantôt du masculin et tantôt du féminin, suivant le genre du nom qu'ils représentent.

4..

On voit 2°. que {*Je*, *Me*} font au pluriel . . . . *nous ;*

que {*Tu*, *Te*} font au pluriel . . . . *vous ;*

que *Lui* (pour *à lui*, *à elle*) fait au pluriel *leur* (sans S) ; { On doit écrire : *Donnez* leur *en*, et non pas : *Donnez* leurs *en*. }

que *Il* fait au pluriel . . . . *ils ;*

que *Elle* fait au pluriel . . . . *elles ;*

enfin que {*Le*, *La*} font au pluriel . . . . *les.*

3°. Que *je*, *me*, *nous* sont de la première personne ; que *tu*, *te*, *vous* sont de la seconde ; et que tous les autres pronoms (ou un *nom* quelconque de personne ou de chose (1)), sont de la troisième personne, ou, si l'on veut, marquent une troisième personne, *celle* dont on parle ou *ce* dont on parle. En effet, quand on dit :

Cet enfant chante ; *ces enfants* chantent ;

cet enfant, auquel on peut substituer le pronom *Il*, marque une *troisième* personne du singulier, *celle* dont on parle. Il en est de même de *ces enfants* qui marquent également une *troisième* personne plurielle, et qui pouraient être représentés par *Ils*.

Mais quand je dis :

Cette maison tombe en ruines ; *ces maisons* tombent en ruines ;

ce nom *maison*, auquel on peut substituer le pronom *elle*, marque aussi une *troisième* personne du singulier, qui, dans ce cas, n'est pas l'*individu*, mais *la chose*, *ce* dont on parle. Appliquez cette observation au nom pluriel *maisons*, *ces maisons* (ou *elles*) tombent, etc.

Première remarque. Par politesse, on emploie presque toujours le pronom *Vous* au lieu du pronom *Tu ;* dans ce cas, l'adjectif qui s'y rapporte reste *au singulier.* On dira à un petit garçon par exemple :

Vous êtes *charmant ;*

Et à une petite fille :

Vous êtes *charmante.*

Mais si l'on parlait à deux petits garçons ou à deux petites filles, l'adjectif se mettrait nécessairement au pluriel, et l'on dirait :

Vous êtes *charmants ;*
Vous êtes *charmantes.*

Deuxième remarque. Les pronoms *le*, *la*, *les*, *il*, *ils*, *elle*, *elles*, ne se disent pas seulement des personnes, mais encore des choses. Ils doivent toujours être du même genre et du même nombre que le nom dont ils tiennent la place. Je dirai par exemple :

d'un livre . . . . je *le* lis ;
d'une histoire . . . . je *la* lis ;
de plusieurs livres, de plusieurs histoires } . . . . je *les* lis ;
d'un bâtiment . . . . *il* est beau ;
d'une maison . . . . *elle* est belle ;
de plusieurs bâtiments . . . . *ils* sont beaux.
de plusieurs maisons . . . . *elles* sont belles.

(1) Pourvu qu'on ne lui adresse pas la parole. (*Voyez* le paragraphe de l'Article, 2e. partie, chap. I.)

Il est facile de distinguer les pronoms *le*, *la*, *les*, des articles *le*, *la*, *les* : quand *le*, *la*, *les* sont suivis d'un nom (avec ou sans adjectif), ils sont ARTICLES; hors de là, ils sont PRONOMS. (Les pronoms *le*, *la*, *les*, sont ordinairement suivis d'un verbe.)

EXEMPLES:

Respecte le *malheur*, *si tu ne* LE *plains pas*. (GRESSET.)
La mort est comme le soleil, on ne peut *LA* regarder fixement.
Il faut étudier *les* hommes, pour *LES* connaître. (FÉNÉLON.)
La fortune ne nous donne pas *les* richesses, elle ne fait que nous *LES* prêter. (BIAS.)

Comme LE, LA, LES ne sont pas suivis d'un nom, ils sont *pronoms* : LE est mis pour *lui*, *le malheur*; LA est mis pour *elle*, *la mort*; le premier LES est mis pour *eux*, *les hommes*; le second LES, pour *elles*, *les richesses*. Il est, je crois, inutile de faire observer que *Le*, *La*, *Les* sont *articles* dans LE *malheur*, LA *mort*, (LE *soleil*), LES *hommes*, (LA *fortune*), LES *richesses*.

Il y a aussi un pronom de la troisième personne, SE, SOI, qu'on appelle Pronom *réfléchi*, parce qu'il marque le rapport d'une personne à elle-même; voici ce pronom :

SE pour SOI, des deux genres et des deux nombres :
- Il *se* flatte, c'est-à-dire il flatte *soi* (*lui*);
- Elle *se* flatte, c'est-à-dire elle flatte *soi* (*elle*);
- Ils *se* flattent, c'est-à-dire ils flattent *soi* (*eux*);
- Elles *se* flattent, c'est-à-dire elles flattent *soi* (*elles*).

SE pour A SOI, des deux genres et des deux nombres :
- Il *se* fait des amis, c'est-à-dire il fait *à soi* (*à lui*) des amis;
- Elle *se* fait des amis, c'est-à-dire elle fait *à soi* (*à elle*) des amis;
- Ils *se* font des amis, c'est-à-dire ils font *à soi* (*à eux*) des amis;
- Elles *se* font des amis, c'est-à-dire elles font *à soi* (*à elles*) des amis.

Le pronom suivant, qui est de la troisième personne, ne présente aucune difficulté.

Masculin-singulier : *Celui*; féminin-singulier : *Celle*; masculin-pluriel : *Ceux*; féminin-pluriel : *Celles* (1).

EXEMPLES:

L'homme le plus heureux est *celui* qui est le moins esclave des préjugés.
Le secret d'ennuyer est celui *de tout dire*. (VOLTAIRE.)
La vertu est l'habitude des bonnes actions, et le vice est *celle* des mauvaises.
Les vérités qu'on aime le moins à entendre, sont *celles* qu'on a le plus d'intérêt à savoir.

On dit aussi : *celui-ci*, *celle-ci*, *ceux-ci*, etc.; *celui-là*, *celle-là*, *ceux-là*, etc.

EN et Y sont souvent aussi pronoms, et s'emploient comme tels.

En signifie *de lui*, *d'elle*, *d'eux*, *d'elles* et le plus souvent *de celà*, *de cette chose*. Quand je dis par exemple :

J'*en* parle,

c'est comme si je disais : Je parle *de lui*, ou *d'elle*, ou *d'eux*, etc. ou même *de celà*.

Voulez-vous de l'argent? Oui j'*en* veux.

c'est-à-dire, je veux *de l'argent*, en un mot *de celà*.

---

(1) *Celui*, *ceux*, sont souvent aussi de véritables *noms indefinis* ou *indéterminés*, comme dans ces phrases :

Celui qui est ce qu'il paraît, fera ce qu'il a promis. (UN ANCIEN.)
Ceux qui gouvernent sont comme les corps célestes qui ont beaucoup d'éclat, et qui n'ont point de repos.

Y signifie *à cette chose, à ces choses, à celà.* Si une personne me disait, par exemple :

Etudiez-vous la grammaire, les belles lettres ?

je répondrais : Je m'*Y* applique, c'est-à-dire je m'applique *à cette chose, à ces choses, à celà.*

DU PRONOM-ADJECTIF-POSSESSIF.

Le pronom-adjectif-*possessif* marque la *possession*, comme *mon* canif, *ma* plume, *mes* crayons, *leurs* amis, etc. c'est-à-dire, le canif *qui est à moi*, la plume *qui est à moi*, les crayons *qui m'appartiennent*, etc.

SINGULIER		PLURIEL
MASCULIN :	FÉMININ :	DES DEUX GENRES :
Mon / *Ton* / *Son* } canif.	*Ma* / *Ta* / *Sa* } plume.	*Mes* / *Tes* / *Ses* } crayons.
DES DEUX GENRES :		
Notre / *Votre* / *Leur* } ami.		*Nos* / *Vos* / *Leurs* } amis. (1)

Remarque importante. *Mon, ton, son*, s'emploient avec les noms féminins qui commencent par une *voyelle* ou un H *muet*; on dit : *mon* industrie, *ton* application, *son* honnêteté, etc. pour *ma* industrie, etc.

On sent bien qu'il faudrait dire également : *mon* honorable mère, etc.

AUTRE PRONOM-ADJECTIF-POSSESSIF.

SINGULIER		PLURIEL	
MASCULIN :	FÉMININ :	MASCULIN :	FÉMININ :
Le mien.	*La mienne.*	*Les miens.*	*Les miennes.*
Le tien.	*La tienne.*	*Les tiens.*	*Les tiennes.*
Le sien.	*La sienne.*	*Les siens.*	*Les siennes,*
		DES DEUX GENRES :	
Le nôtre.	*La nôtre.*	*Les nôtres.*	
Le vôtre.	*La vôtre.*	*Les vôtres.*	
Le leur.	*La leur.*	*Les leurs.*	

Remarquez que les pronoms-adjectifs-possessifs *mon, ma, mes, notre, votre, leur*, etc. se rapportent toujours au nom qui les suit, comme *mon* cheval, *ma* maison,

---

(1) Le pronom LFUR mis pour *à eux, à elles* ne prend jamais de S final : *Je* LEUR *ai parlé ; Parlez* LEUR. Mais l'adjectif-possessif LEUR, suivi d'un *nom pluriel* ou précédé de l'article *les*, prend un S ; écrivez : *leur* ami *et* LEURS amis ; *leur* cheval *et* LEURS chevaux ; le *leur*, la *leur* et les LEURS : *J'ai emprunté* leurS *chevaux, parce que les* leurS *sont plus forts que les miens.*

mes jardins, *notre* domaine, etc. au lieu que *le mien*, *la mienne*, *les miens*, etc. ne se rapportent jamais qu'à un nom toujours énoncé auparavant.

EXEMPLES:

Est-ce là votre *cheval?* Oui, c'est *le mien.*
Sont-ce là vos *jardins?* Oui, ce sont *les miens.* (On peut dire aussi : *ce les sont.*)

OBSERVATION. *Notre*, *votre* sont-ils *suivis*, *au singulier*, ou *au pluriel*, d'un *nom* quelconque? ils ne prennent point d'accent circonflexe (^); sont-ils *précédés* d'un *article?* ils prennent l'accent circonflexe.

EXEMPLES:

Vous croyez que c'est NOTRE *ouvrage*, ce n'est cependant pas *le* NÔTRE.
Mes malheurs m'ont appris à soulager LES VÔTRES. (*Énéide*, liv. I, traduct. de GASTON.)

DES PRONOMS RELATIFS *QUI* ET *QUE*.

Le *qui* et le *que* relatifs sont ainsi appelés, à cause du rapport, de la *relation* qu'ils ont ordinairement avec le nom qui les précède.

Quand je dis :

Le soleil *qui* m'éclaire;
Le livre *que* je lis;

qui se rapporte au nom *soleil*, *que* se rapporte au nom *livre* Le mot auquel *qui* ou *que* se rapporte prend le nom d'*Antécédent* (*antécédent* signifie *qui précède*); ainsi, *le soleil* est l'*antécédent* du pronom relatif *qui*, et *le livre* est l'*antécédent* du pronom relatif *que*.

Les pronoms relatifs *Qui*/*Que* sont des deux genres et des deux nombres.

On peut dire aussi *de qui* et *à qui*, soit au singulier, soit au pluriel, seulement quand on parle des personnes. (*Dont* pour *de qui*, de tout genre et de tout nombre, se dit indistinctement des personnes et des choses (1).)

RÈGLE DU QUI RELATIF. Le *qui* relatif s'accorde en genre et en nombre avec son antécédent et en adopte la personne.

Quand Louis dit :	C'est moi *qui* (1) chante;
Quand Anette dit :	C'est moi *qui* (2) chante;
Quand je dis à un enfant :	C'est toi *qui* (3) es grand;
Quand je dis à deux hommes :	C'est vous *qui* (4) parlez bien votre langue;
Quand je dis :	La pluie *qui* (5) tombe;
	Les pierres *qui* (6) tombent;

le premier *qui* est du masculin-singulier et de la première personne, parce que

---

(1) Après *ce* et *rien*, on ne se sert jamais de *de qui* ni de *de quoi*, mais on emploie DONT.

EXEMPLES:

Ce dont je suis fâché, c'est que, etc.
Il n'est rien *dont* l'homme n'abuse.

l'antécédent *moi* (représentant le nom *Louis*) est du masculin-singulier, et que le pronom *moi* marque une première personne, celle qui parle. (Voyez les *pronoms personnels*, page 23.)

Le second *qui* est du féminin-singulier et de la première personne, parce que l'antécédent *moi* (représentant le nom *Anette*), est du féminin-singulier, et que *moi* marque une première personne.

Le troisième *qui* est du masculin-singulier et de la seconde personne, parce que l'antécédent *toi* (représentant *un enfant*) est du masculin-singulier, et que *toi* marque une seconde personne, celle à qui l'on parle.

Le quatrième *qui* est du masculin-pluriel, parce que *vous* (adressé à plus d'un homme) est du masculin-pluriel; il est de la seconde personne, parce que *vous* marque toujours une seconde personne, celle à qui l'on parle.

Le cinquième *qui* est du féminin-singulier, parce que l'antécédent *pluie* est du féminin-singulier; il est de la troisième personne, parce que cet antécédent est un nom, et que tout nom dont on parle, marque une troisième personne, c'est-à-dire l'individu ou la chose dont on s'entretient.

Le sixième *qui* est du féminin-pluriel, parce que l'antécédent *pierres* est du féminin-pluriel; il est de la troisième personne, parce que ce mot *pierres* est un nom, qui, quoique n'étant qu'un nom de choses, marque cependant une troisième personne, ce dont on parle. (*Voyez* au surplus la 2e. partie, chap. I, article du QUI relatif.)

RÈGLE DU QUE RELATIF. Le *que* relatif s'accorde en genre et en nombre avec son antécédent.

Dans ces phrases :
- Le couplet *que* (1) je chante;
- La pluie *que* (2) je vois tomber;
- Les hommes *que* (3) j'honore;
- Les personnes *que* (4) je respecte;

Le premier *que* est du *masculin-singulier*, parce que l'antécédent, *couplet*, est du *masculin* et est au *singulier;* c'est comme s'il y avait: le couplet *lequel* je chante.

Le second *que* est du *féminin-singulier*, parce que l'antécédent, *pluie*, est *du féminin* et est employé *au singulier;* c'est comme s'il y avait: la pluie *laquelle* je vois tomber.

Le troisième *que* est du *masculin-pluriel*, parce que l'antécédent, *hommes*, est du *masculin* et est mis là *au pluriel;* c'est comme s'il y avait: les hommes *lesquels* j'honore.

Enfin le quatrième *que* est du *féminin-pluriel*, parce que l'antécédent, *personnes*, est du *féminin* et est employé au *pluriel;* c'est comme s'il y avait : les personnes *lesquelles* je respecte.

On sous-entend quelquefois l'antécédent du *qui* relatif, comme dans ces phrases :

> Qui *prévient le besoin, prévient souvent le crime.* (DELILLE.)
> *Le bonheur appartient à* qui *fait des heureux.* (LE MÊME.)

c'est comme s'il y avait : *Celui* qui prévient, etc. Le bonheur appartient à *celui* qui fait, etc.

(*Qui* placé en tête d'une phrase, et pouvant se tourner par *qui est-ce qui*, est interrogatif; exemple : QUI *a dit celà?* c'est-à dire, *qui est-ce qui* a dit celà?)

PRONOM-ADJECTIF-RELATIF.

SINGULIER		PLURIEL	
MASCULIN :	FÉMININ :	MASCULIN :	FÉMININ :
Lequel.	*Laquelle.*	*Lesquels.*	*Lesquelles.*
Duquel.	*De laquelle.*	*Desquels.*	*Desquelles.*
Auquel.	*A laquelle.*	*Auxquels.*	*Auxquelles.*

Ces pronoms s'emploient avec rapport aux personnes, et, le plus souvent, en parlant des choses.

EXEMPLES:

Il faut remplir les devoirs de l'état *auquel* on est destiné.
Le régicide Cromwel avait de vastes appartements; il habitait tantôt une chambre, tantôt une autre, et ses confidents ignoraient toujours dans *laquelle* il couchait.

(*Voyez* l'article du *QUI relatif*, 2e. partie; chap. I.)

CHAPITRE CINQUIÈME.

DU VERBE (1).

LE verbe, qu'on peut regarder comme l'âme du discours, le verbe, dis-je, est un mot qui exprime que l'on *est* ou que l'on *fait quelque chose* : ÊTRE, *je suis*, est un verbe; CHANTER, *je chante*, est un verbe.

On connaît qu'un mot est un verbe, quand on peut le faire précéder des pronoms personnels *je*, *tu*, *il* ou *elle*, *nous*, *vous*, *ils* ou *elles*; ainsi *chanter* est un verbe, parce qu'on peut dire : *je chante*, *tu chantes*, *il* ou *elle chante*, etc. *Écrire* est un verbe, parce qu'on peut dire : *j'écris*, *tu écris*, *il* ou *elle écrit*, etc.

On distingue dans les verbes les *Nombres*, les *Personnes*, les *Temps* et les *Modes*.

DES NOMBRES ET DES PERSONNES.

Il y a dans les verbes comme dans les noms deux nombres, le singulier et le pluriel;

---

(1) Verbe signifie *mot* : le verbe est en effet *le mot par excellence.*

5

le singulier, quand on ne parle que d'un seul objet; le pluriel, quand on parle de plus d'un objet.

Chaque nombre a *trois personnes.*

SINGULIER.

1re. PERSONNE.	2e. PERSONNE.	3e. PERSONNE.
Je chante.	Tu chantes.	Le rossignol ou *il* / La fauvette ou *elle* / On . . . } chante.

PLURIEL.

1re. PERSONNE.	2e. PERSONNE.	3e. PERSONNE.
Nous chantons.	Vous chantez.	Les rossignols ou *ils* / Les fauvettes ou *elles* } chantent.

On voit que *je* et *nous* marquent la première personne, celle qui parle; que *tu* et *vous* marquent la seconde personne, celle à qui l'on parle; enfin que tout *Nom* de *personne* ou de *chose* (ou tout nom indéfini, tel que *on*, *chacun*, etc.) et les quatre pronoms personnels *il* et *elle*, *ils* et *elles*, marquent une troisième personne, *celle dont* on parle ou *ce dont* on parle.

DES TEMPS.

Le temps, en termes de grammaire, est le point de la durée auquel on rapporte l'existence ou l'action.

On compte trois temps principaux, le *Présent*, le *Passé* et le *Futur*.

Le Présent marque que la chose *est* ou *se fait actuellement*, comme *je suis* malade, *je chante.*

Le Passé marque que la chose *fut* ou *se fit*, comme *je fus* malade, *je chantai.*

Le Futur ou temps de l'avenir marque qu'une chose *sera* ou *se fera*, *je serai* peut-être malade, *je chanterai.*

Il y a plusieurs sortes de passés et deux futurs.

DES MODES.

On distingue dans les verbes quatre *modes* ou *manières* d'exprimer l'existence ou l'action.

1°. L'*Infinitif*, mode *invariable*, qui exprime l'existence ou l'action d'une manière vague, indéfinie. On peut dire, par exemple :

Je veux / Nous voulons } chanter. Il fallait / Il faut / Il faudra } chanter.

2°. L'*Indicatif* (1) qui indique qu'une chose *fut*, *est* ou *sera*.

(1) L'*Indicatif* a cinq temps simples ; le *Présent*, l'*Imparfait* ou *Passé relatif*, le *Passé-défini*, le *Futur* et le *Conditionnel présent.*

Le *Présent* de l'indicatif marque le temps, l'époque actuelle.

EXEMPLES : Je *suis* malade, / J'*ai* faim, / Je *chante*, } c'est-à-dire . . . . Je suis malade / J'ai faim / Je chante } *actuellement*, *maintenant.*

L'*Imparfait* ou *Passé relatif*, marque un passé coïncident, relatif à un autre.

EXEMPLES : J'*étais* malade / J'*avais* faim / Je *chantais* } quand vous arriviez, quand vous arrivâtes, quand vous êtes arrivé.

Le *Passé-défini* marque une époque passée, ordinairement *définie*, une période de temps qui ne

3°. L'*Impératif* qui exprime un *commandement* ou un *souhait*, comme *partez*, c'est à-dire, *je vous ordonne* de partir; *soyez* heureux, c'est-à-dire *je souhaite que vous* soyez heureux.

4°. Le *Subjonctif*, mode incomplet qui marque toujours des temps *subordonnés* à d'autres.

Quand je dis : { Il faut *que je chante;*
Il fallait *que je chantasse;*

ces membres de phrases, *que je chante*, *que je chantasse*, n'offrent pas un sens complet; ils sont, comme on le voit, nécessairement *subordonnés* et *joints* à *il faut*, *il fallait :* de là la dénomination de SUBJONCTIF donnée à *que je chante*, *que je chantasse.*

Réciter de suite un verbe, en observant les modes, les temps, les personnes et les nombres, c'est ce qu'on appelle *conjuguer.*

Il n'y a que *deux conjugaisons* (1) : la première est terminée en ER à l'infinitif-présent, comme *ras*ER, *chant*ER, *aim*ER, etc.; la seconde est terminée en IR, en OIR ou en RE, comme *fin*IR, *dev*OIR, *vend*RE, etc. : ainsi, tout verbe terminé en ER à l'infinitif-présent, est de la *première* conjugaison; et tout verbe non-terminé en ER, est de la *seconde.*

Avant de passer aux verbes des deux conjugaisons, nous allons conjuguer le verbe *être* qui est très-irrégulier.

---

dure plus, comme, je *fus malade hier;* je *chantai* en société *avant-hier*, *la semaine passée*, *le mois dernier*, etc.

(On entend, par *temps qui ne dure plus*, le jour, la semaine, le mois, l'année, le siècle même qui est entièrement écoulé.)

Le *Futur* marque un temps à venir, sans relation à un autre temps.

EXEMPLES : { Je *serai* peut-être malade.
Je *chanterai* volontiers.

Le *Conditionnel présent* marque l'existence actuelle avec condition, et relative à une chose qui n'est pas.

EXEMPLES : { Je *serais* heureux, si je pouvais vous obliger.
Je *chanterais*, si j'avais de la voix.

Les cinq *temps composés* de l'indicatif sont : le *Passé-indéfini*, le *Plusqueparfait*, le *Passé-antérieur*, le *Futur-passé* et le *Conditionnel-passé.*

On sait que le *Passé-défini* marque une époque passée et définie, comme je *fus* malade *hier;* le *Passé-indéfini* marque une époque aussi passée, mais *vague*, *indéterminée*, comme j'*ai eu* faim, *j'ai été* malade.

Il est bon de savoir que le passé-indéfini s'emploie très bien en parlant d'une période de temps qui dure encore, comme j'*ai été* malade *aujourd'hui*, *cette semaine*, *ce mois-ci*, *cette année*, etc.

Le *Plusqueparfait* marque une époque passée, antérieure à une époque aussi passée

EXEMPLES : { J'*avais été* malade
J'*avais chanté* } lorsque vous entrâtes.

Le *Passé-antérieur* marque qu'une chose s'est faite antérieurement à une époque passée. (*Antérieurement* signifie *qui précède*, *qui est avant*). Le passé-antérieur s'emploie presque toujours ainsi : Dès que j'*eus chanté*, je me retirai; Aussitôt que j'*eus fait* mon devoir, j'allai me promener.

Le *Futur-passé* marque un temps à venir, relatif à un autre temps aussi à venir.

On l'emploie ainsi : { Quand j'*aurai chanté*, je me reposerai.
Dès que j'*aurai dîné*, je sortirai.
Aussitôt que j'*aurai fait* mon devoir, j'irai me promener.

Le *Conditionnel-passé* marque l'existence passée avec condition, et relative à une chose qui n'a pas été.

EXEMPLES : { J'*aurais été* malade, si je n'avais pas été saigné.
J'*aurais chanté*, si j'avais eu de la voix.

(1) La réduction des verbes à deux conjugaisons, est du savant Domergue.

INFINITIF.

Lettres finales invariables dans les temps simples de tous les verbes.	TEMPS SIMPLES (1).	TEMPS COMPOSÉS.
	PRÉSENT.	PASSÉ.
	ÊTRE.	*Avoir* été.
	PARTICIPE-PRÉSENT.	PASSÉ-COMPOSÉ.
ANT	Ét*ant.*	*Ayant* été.
	PARTICIPE-PASSÉ.	
	Été.	

INDICATIF.

		TEMPS SIMPLES	TEMPS COMPOSÉS
		PRÉSENT.	PASSÉ-INDÉFINI.
. . . .	SING.	Je suis (2).	*J'ai* été.
S	SING.	Tu es (3).	Tu as été.
. . . .	SING.	Il ou elle est.	Il ou elle a été.
S	PLUR.	Nous sommes.	Nous avons été.
. . . .	PLUR.	Vous êtes.	Vous avez été.
NT	PLUR.	Ils ou elles so*nt* (4).	Ils ou elles ont été.
		IMPARFAIT *ou* PASSÉ-RELATIF.	PLUSQUEPARFAIT.
AIS		J'ét*ais.*	*J'avais* été.
AIS		Tu ét*ais.*	Tu avais été.
AIT		Il ou elle ét*ait.*	Il ou elle avait été.
IONS		Nous ét*ions.*	Nous avions été.
IEZ		Vous ét*iez.*	Vous aviez été.
AIENT		Ils ou elles ét*aient.*	Ils ou elles avaient été.
		PASSÉ-DÉFINI.	PASSÉ-ANTÉRIEUR.
. . . .		Je fus.	*J'eus* été.
S		Tu fu*s.*	Tu eus été.
. . . .		Il fut.	Il eut été.
^MES		Nous fû*mes* } (5).	Nous eûmes été.
^TES		Vous fû*tes* } (5).	Vous eûtes été.
RENT		Ils fu*rent.*	Ils eurent été.
		FUTUR.	FUTUR-PASSÉ.
RAI		Je se*rai.*	*J'aurai* été.
RAS		Tu se*ras.*	Tu auras été.
RA		Il se*ra.*	Il aura été.
RONS		Nous se*rons.*	Nous aurons été.
REZ		Vous se*rez.*	Vous aurez été.
RONT		Ils se*ront.*	Ils auront été.
		CONDITIONNEL-PRÉSENT.	CONDITIONNEL-PASSÉ (6).
RAIS		Je se*rais.*	*J'aurais* été.
RAIS		Tu se*rais.*	Tu aurais été.
RAIT		Il se*rait.*	Il aurait été.
RIONS		Nous se*rions.*	Nous aurions été.
RIEZ		Vous se*riez.*	Vous auriez été.
RAIENT		Ils se*raient.*	Ils auraient été.

IMPÉRATIF.

	PRÉSENT *ou* FUTUR.	
. . . .	Sois.	
ONS	So*yons.*	Point de temps composé.
EZ	Soye*z.*	

SUBJONCTIF.

		PRÉSENT ou FUTUR.		PASSÉ.
. . . .	Il faut ou Il faudra	que je sois.	On doute	*que j'aie* été.
S . . .		que tu soi*s.*		que tu aies été.
. . . .		qu'il soit.		qu'il ait été.
. . . .		que nous soyons.		que nous ayons été.
. . . .		que vous soyez.		que vous ayez été.
NT		qu'ils soient.		qu'ils aient été.
		IMPARFAIT.		PLUSQUEPARFAIT.
SSE	Il fallait ou Il faudrait	que je fu*sse.*	Il aurait fallu	*que j'eusse* été.
SSES . .		que tu fu*sses.*		que tu eusses été.
^T . .		qu'il fû*t.*		qu'il eût été.
SSIONS . .		que nous fu*ssions.*		que nous eussions été.
SSIEZ . .		que vous fu*ssiez.*		que vous eussiez été.
SSENT		qu'ils fu*ssent.*		qu'ils eussent été.

Le verbe AVOIR est tellement irrégulier, que nous croyons devoir en faire connaître aussi la conjugaison, avant de passer à celle des verbes *terminés* ou *non-terminés* à l'infinitif-présent en ER.

---

(1) On voit qu'il y a *onze temps simples* ou qui ne sont que d'un mot (non compris le *pronom-personnel* et le *que* du subjonctif), et *neuf temps composés* ou de plus d'un mot. Il est bon de se souvenir que ces neuf temps composés se forment, savoir :

L'infinitif-passé	par AVOIR	été.
Le passé-composé	par AYANT	été.
Le passé-indéfini	par J'AI	été.
Le plusqueparfait	par J'AVAIS	été.
Le passé-antérieur	par J'EUS	été.
Le futur-passé	par J'AURAI	été.
Le conditionnel-passé	par J'AURAIS	été.
Le passé du subjonctif	par QUE J'AIE	été.
Le plusqueparfait	par QUE J'EUSSE	été.

(2) Remarquez que lorsque la première personne du singulier d'un temps quelconque est terminée par un S, la troisième personne du singulier prend ordinairement un T : *Je suiS, il esT; j'étaiS, il étaiT; je fuS, il fuT*, etc.

(3) Dans tous les temps des verbes, la seconde personne du singulier prend toujours un S : *Tu eS, tu étaiS, tu fuS, tu seraS*, etc. etc. Il en est de même de la première personne plurielle : *Nous sommeS, nous étionS, nous fûmeS*, etc.

(4) Toutes les troisièmes personnes plurielles sont terminées par NT : *Ils soNT, ils étaieNT, ils fureNT*, etc. etc.

(5) La voyelle qui précède ^MES et ^TES au passé-défini de tous les verbes, prend toujours un *accent circonflexe.*

(6) Plusieurs auteurs emploient aussi un autre *conditionnel-passé*, formé par j'*eusse* été, tu *eusses* été, il *eût* été, nous *eussions* été, vous *eussiez* été, ils *eussent* été ; mais il vaut infiniment mieux se servir exclusivement du conditionnel-passé formé par j'*aurais*, tu *aurais*, etc. (Voyez d'ailleurs la note, au bas de la dernière page de cette première partie, chap. IX.)

Lettres finales invariables dans les temps simples de tous les verbes.	TEMPS SIMPLES.	TEMPS COMPOSÉS (1).
	INFINITIF.	
	PRÉSENT.	PASSÉ.
	AVOIR.	*Avoir* eu.
	PARTICIPE-PRÉSENT.	PASSÉ-COMPOSÉ.
ANT	Ay*ant.*	*Ayant* eu.
	PARTICIPE-PASSÉ.	
	Eu, eue.	
	INDICATIF.	
	PRÉSENT.	PASSÉ-INDÉFINI.
. . . .	SING. J'ai.	*J'ai* eu.
S	SING. Tu a*s*.	Tu as eu.
. . . .	SING. Il ou elle a.	Il ou elle a eu.
S	PLUR. Nous av*ons*.	Nous avons eu.
. . . .	PLUR. Vous avez (2).	Vous avez eu.
NT	PLUR. Ils ou elles o*nt*.	Ils ou elles ont eu.
	IMPARFAIT ou PASSÉ-RELATIF.	PLUSQUEPARFAIT.
AIS	J'av*ais*.	*J'avais* eu.
AIS	Tu av*ais*.	Tu avais eu.
AIT	Il ou elle av*ait*.	Il avait eu.
IONS	Nous av*ions*.	Nous avions } eu.
IEZ	Vous av*iez*.	Vous aviez } eu.
AIENT	Ils ou elles av*aient*.	Ils avaient } eu.
	PASSÉ-DÉFINI.	PASSÉ-ANTÉRIEUR.
. . . .	J'eus.	*J'eus* eu.
S	Tu eu*s*.	Tu eus eu.
. . . .	Il eut.	Il eut eu.
^MES	Nous eû*mes*.	Nous eûmes } eu.
^TES	Vous eû*tes*.	Vous eûtes } eu.
RENT	Ils eu*rent*.	Ils eurent } eu.
	FUTUR.	FUTUR-PASSÉ.
RAI	J'au*rai*.	*J'aurai* } eu
RAS	Tu au*ras*.	Tu auras } eu
RA	Il au*ra*.	Il aura } eu
RONS	Nous au*rons*.	Nous aurons } eu.
REZ	Vous au*rez*.	Vous aurez } eu.
RONT	Ils au*ront*.	Ils auront } eu.
	CONDITIONNEL-PRÉSENT.	CONDITIONNEL-PASSÉ.
RAIS	J'au*rais*.	*J'aurais* } eu.
RAIS	Tu au*rais*.	Tu aurais } eu.
RAIT	Il au*rait*.	Il aurait } eu.
RIONS	Nous au*rions*.	Nous aurions } eu.
RIEZ	Vous au*riez*.	Vous auriez } eu.
RAIENT	Ils au*raient*.	Ils auraient } eu.
	IMPÉRATIF.	
	PRÉSENT ou FUTUR.	
. . . .	Aie.	
ONS	Ay*ons*.	Pas de temps composé.
EZ	Aye*z*.	
	SUBJONCTIF.	
	PRÉSENT ou FUTUR.	PASSÉ.
. . . .	Il faut ou Il faudra { que j'aie.	On doute { *que j'aie* eu.
S . . .	Il faut ou Il faudra { que tu aie*s*.	On doute { que tu aies eu.
. . . .	Il faut ou Il faudra { qu'il ai*t* (et non pas *aie*).	On doute { qu'il ait eu.
. . . .	Il faut ou Il faudra { que nous ayons.	On doute { que nous ayons } eu.
. . . .	Il faut ou Il faudra { que vous ayez.	On doute { que vous ayez } eu.
NT	Il faut ou Il faudra { qu'ils aie*nt*.	On doute { qu'ils aient } eu.
	IMPARFAIT.	PLUSQUEPARFAIT.
SSE	Il fallait ou Il faudrait { que j'eu*sse*.	Il aurait fallu { *que j'eusse* } eu.
SSES . .	Il fallait ou Il faudrait { que tu eu*sses*.	Il aurait fallu { que tu eusses } eu.
^T . . .	Il fallait ou Il faudrait { qu'il eû*t*.	Il aurait fallu { qu'il eût } eu.
SSIONS .	Il fallait ou Il faudrait { que nous eu*ssions*.	Il aurait fallu { que nous eussions } eu.
SSIEZ . .	Il fallait ou Il faudrait { que vous eu*ssiez*.	Il aurait fallu { que vous eussiez } eu.
SSENT	Il fallait ou Il faudrait { qu'ils eu*ssent*.	Il aurait fallu { qu'ils eussent } eu.

(1) On voit que les temps composés du verbe *avoir* sont exactement les mêmes que ceux du verbe *être*; il suffit de substituer au participe-passé *été* du verbe *être* le participe-passé *eu* du verbe *avoir*.

EXEMPLES:

	*Temps composés d'*ÊTRE. Participe-passé. ÉTÉ.	*Temps composés d'*AVOIR. Participe-passé. EU.
Infinitif-passé	*Avoir* été.	*Avoir* eu.
Passé-composé	*Ayant* été.	*Ayant* eu.
Passé-indéfini	*J'ai* été.	*J'ai* eu.
Plusqueparfait	*J'avais* été.	*J'avais* eu.
Passé-antérieur	*J'eus* été.	*J'eus* eu.
Futur-passé	*J'aurai* été.	*J'aurai* eu.
Conditionnel-passé	*J'aurais* été.	*J'aurais* eu.
Passé du subjonctif	*Que j'aie* été.	*Que j'aie* eu.
Plusqueparfait du subjonctif	*Que j'eusse* été.	*Que j'eusse* eu.

REMARQUE. Les verbes de la première conjugaison terminée en ER, comme *trembler*, *raser*, etc. et ceux de la seconde conjugaison non terminée en ER, tels que *finir*, *voir*, *craindre*, auxquels il faut ajouter le verbe irrégulier *avoir*, sont appelés par les grammairiens *verbes-adjectifs*. En effet, tous ces verbes peuvent se décomposer ainsi : *trembler*, ÊTRE TREMBLANT; *je finis*, JE SUIS FINISSANT; *je voyais*, J'ÉTAIS VOYANT; *je craignis*, JE FUS CRAIGNANT; *j'ai*, JE SUIS AYANT. Il s'ensuit qu'il n'y a de *verbe*, proprement dit, que le verbe ÊTRE.

Ceux qui appellent l'adjectif, *attribut*, appellent les *verbes-adjectifs*, ATTRIBUTS-COMBINÉS (sous-entendez avec *être*). Voyez la note 1 de l'*Adverbe*, 1re. partie, chap. VI, et la note 2 du chap. I de la 2e. partie.

(2) L'*e*, suivi d'un Z, se prononce toujours fermé, quoiqu'il ne soit pas marqué d'un accent aigu. On écrit de même : *Le nez*, qu'on prononce LE NÉ.

TABLEAU des lettres finales invariables des temps simples de la première conjugaison en ER.

INFINITIF.

ER.

PARTICIPE.

ANT.

INDICATIF.

PRÉSENT.

SINGULIER.				PLURIEL.		
SINGULIER.	1re. Personne	Je	E.	Nous	ONS.	1re Personne. PLURIEL.
	2	Tu	ES (1).	Vous	EZ (2).	2
	3	Il ou elle	E.	Ils ou elles	ENT (3).	3

IMPARFAIT ou PASSÉ-RELATIF.

SINGULIER.	1	Je	AIS.	Nous	IONS (4).	1 PLURIEL.
	2	Tu	AIS.	Vous	IEZ.	2
	3	Il	AIT.	Ils	AIENT.	3

PASSÉ-DÉFINI.

SINGULIER.	1	Je	AI.	Nous	ˆMES (5).	1 PLURIEL.
	2	Tu	AS.	Vous	ˆTES.	2
	3	Il	A.	Ils	RENT.	3

FUTUR.

SINGULIER.	1	Je	RAI.	Nous	RONS.	1 PLURIEL.
	2	Tu	RAS.	Vous	REZ.	2
	3	Il	RA.	Ils	RONT.	3

CONDITIONNEL-PRÉSENT.

SINGULIER.	1	Je	RAIS.	Nous	RIONS.	1 PLURIEL.
	2	Tu	RAIS.	Vous	RIEZ.	2
	3	Il	RAIT.	Ils	RAIENT.	3

IMPÉRATIF.

E. — ONS.
EZ.

SUBJONCTIF.

PRÉSENT ou FUTUR.

Il faut que	Je	E.	que	Nous	IONS. PLURIEL.
	Tu	ES.		Vous	IEZ.
	Il	E.		Ils	ENT.

IMPARFAIT.

Il fallait que	Je	SSE (6).	que	Nous	SSIONS. PLURIEL.
	Tu	SSES.		Vous	SSIEZ.
	Il	ˆT.		Ils	SSENT.

(1) Dans les deux conjugaisons, le S est la lettre finale de la seconde personne du singulier, marquée par *tu*. Exemples : *Tu chanteS, tu chantaiS, tu chantaS, tu chanteraS, tu chanteraiS, il faut que tu chanteS, il fallait que tu chantasseS.*

(2) Dans les deux conjugaisons, le Z est la lettre finale de la seconde personne plurielle marquée par *vous*. Exemples : *Vous chanteZ, vous chantieZ, vous chantereZ, vous chanterieZ; il faut que vous chantieZ, il fallait que vous chantassieZ.*

(Exceptez en seulement la seconde personne plurielle du passé-défini des deux conjugaisons, laquelle prend un S : *Vous chantâteS, vous finîteS*, etc.)

(3) Dans les deux conjugaisons, toute troisième personne plurielle, marquée par un nom pluriel quelconque ou par *ils* ou *elles*, a pour lettres finales NT. Exemples :

Mes frères { ou ils
Mes sœurs { ou elles } chante*nt*, chantaie*nt*, chantère*nt*, chantero*nt*, chanteraie*nt*, etc.

(4) Il est inutile de faire observer que le S est la lettre finale de la première personne plurielle marquée par *nous*. Exemples : *Nous chantonS, nous chantionS, nous chantâmeS*, etc.

(5) Ou plutôt : ÂMES, ÂTES, ÈRENT.
Nous chant*âmes*, vous chant*âtes*, ils chant*èrent.*

(6) Ou plutôt : ASSE, ASSES, ÂT, ASSIONS, ASSIEZ, ASSENT.
Que je chant*asse*, que tu chant*asses*, qu'il chant*ât*, que nous chant*assions*, que vous chant*assiez*, qu'ils chant*assent.*

INFINITIF.

Lettres finales invariables.	TEMPS SIMPLES.	TEMPS COMPOSÉS * (4).
	PRÉSENT.	PASSÉ.
ER. . . .	RAS*ER*, CHANT*ER*, CRÉ*ER*, PRI*ER*.	*Avoir* rasé, *avoir* chanté, *avoir* créé ou prié.
	PARTICIPE-PRÉSENT.	PASSÉ-COMPOSÉ.
ANT . . .	Ras*ant*, chant*ant*, cré*ant*, pri*ant* (1).	*Ayant* rasé, *ayant* chanté, créé ou prié.
	PARTICIPE-PASSÉ.	
	Ras*é*, ras*ée*; chant*é*, *tée*; cré*é*, *ée*; pri*é*, *ée*.	

INDICATIF.

	PRÉSENT.
E	Je ras*e*, je chant*e*, je cré*e*, je pri*e*.
ES. . . .	Tu ras*es*, tu chant*es*, tu cré*es*, tu pri*es*.
E	Il ou elle ras*e*, chant*e*, cré*e*, pri*e*.
ONS . . .	Nous ras*ons*, chant*ons*, cré*ons*, pri*ons*.
EZ. . . .	Vous ras*ez*, chant*ez*, cré*ez*, pri*ez*.
ENT . . .	Ils ou elles ras*ent*, chant*ent*, cré*ent*, pri*ent*.
	IMPARFAIT ou PASSÉ-RELATIF.
AIS. . . .	Je ras*ais*, je chant*ais*, cré*ais*, pri*ais*.
AIS. . . .	Tu ras*ais*, chant*ais*, cré*ais*, pri*ais*.
AIT. . . .	Il ras*ait*, chant*ait*, cré*ait*, pri*ait*.
IONS. . .	Nous ras*ions*, chant*ions*, cré*ions*, pri*ions*.
IEZ . . .	Vous ras*iez*, chant*iez*, cré*iez*, pri*iez*.
AIENT. . .	Ils ras*aient*, chant*aient*, cré*aient*, pri*aient*.
	PASSÉ-DÉFINI.
AI	Je ras*ai*, chant*ai*, cré*ai*, pri*ai* (2).
AS. . . .	Tu ras*as*, chant*as*, cré*as*, pri*as*.
A	Il ras*a*, chant*a*, cré*a*, pri*a*.
^MES . . .	Nous ras*âmes*, chant*âmes*, cré*âmes*, pri*âmes*.
^TES . . .	Vous ras*âtes*, chant*âtes*, cré*âtes*, pri*âtes*.
RENT. . .	Ils ras*èrent*, chant*èrent*, cré*èrent*, pri*èrent*.
	FUTUR.
RAI. . . .	Je rase*rai*, chante*rai*, crée*rai*, prie*rai* (3).
RAS. . . .	Tu rase*ras*, chante*ras*, crée*ras*, prie*ras*.
RA. . . .	Il rase*ra*, chante*ra*, crée*ra*, prie*ra*.
RONS. . .	Nous rase*rons*, chante*rons*, crée*rons*, prie*rons*.
REZ . . .	Vous rase*rez*, chante*rez*, crée*rez*, prie*rez*.
RONT. . .	Ils rase*ront*, chante*ront*, crée*ront*, prie*ront*.
	CONDITIONNEL-PRÉSENT.
RAIS . . .	Je rase*rais*, chante*rais*, crée*rais*, prie*rais*.
RAIS . . .	Tu rase*rais*, chante*rais*, crée*rais*, prie*rais*.
RAIT . . .	Il rase*rait*, chante*rait*, crée*rait*, prie*rait*.
RIONS. . .	Nous rase*rions*, chante*rions*, crée*rions*, prie*rions*.
RIEZ . . .	Vous rase*riez*, chante*riez*, crée*riez*, prie*riez*.
RAIENT . .	Ils rase*raient*, chante*raient*, crée*raient*, prie*raient*.

TEMPS COMPOSÉS. (5)

PASSÉ-INDÉFINI.

J'ai rasé, j'ai chanté, j'ai créé, j'ai prié.
Tu as rasé, tu as chanté, créé ou prié.
Il ou elle a rasé, chanté, créé ou prié.
Nous avons / Vous avez / Ils ou elles ont } rasé, chanté, créé, prié.

PLUSQUEPARFAIT.

J'avais rasé, j'avais chanté, créé ou prié.
Tu avais rasé, chanté, créé ou prié.
Il avait rasé, chanté, créé ou prié.
Nous avions / Vous aviez / Ils avaient } rasé, ou chanté, ou créé, ou prié.

PASSÉ-ANTÉRIEUR.

J'eus / Tu eus / Il eut } rasé, chanté, créé ou prié.
Nous eûmes / Vous eûtes / Ils eurent } rasé, chanté, créé ou prié.

FUTUR-PASSÉ.

J'aurai / Tu auras / Il aura / Nous aurons / Vous aurez / Ils auront } rasé, chanté, créé ou prié. (6)

CONDITIONNEL-PASSÉ.

J'aurais / Tu aurais / Il aurait / Nous aurions / Vous auriez / Ils auraient } rasé, chanté, créé ou prié. (7)

IMPÉRATIF.

	PRÉSENT ou FUTUR.	
E	Ras*e*, chant*e*, cré*e*, pri*e*.	Pas de temps composé.
ONS . . .	Ras*ons*, chant*ons*, cré*ons*, pri*ons*.	
EZ. . . .	Ras*ez*, chant*ez*, cré*ez*, pri*ez*.	

SUBJONCTIF.

	PRÉSENT ou FUTUR.
E	Il faut { que je ras*e*, que je chant*e*, que je cré*e*, que je pri*e*.
ES. . . .	que tu ras*es*, que tu chant*es*, que tu cré*es*, que tu pri*es*.
E	qu'il ras*e*, qu'il chant*e*, qu'il cré*e*, qu'il pri*e*.
IONS . . .	que nous ras*ions*, chant*ions*, cré*ions*, pri*ions*.
IEZ . . .	que vous ras*iez*, chant*iez*, cré*iez*, pri*iez*.
ENT . . .	qu'ils ras*ent*, chant*ent*, cré*ent*, pri*ent*.
	IMPARFAIT.
SSE . . .	Il faudrait { que je ra*sasse*, que je chant*asse*, cré*asse*, pri*asse*.
SSES . . .	que tu ras*asses*, chant*asses*, cré*asses*, pri*asses*.
^T. . . .	qu'il ras*ât*, chant*ât*, cré*ât*, pri*ât*.
SSIONS . .	que nous ras*assions*, que nous chant*assions*, cré*assions*, pri*assions*.
SSIEZ. . .	que vous ras*assiez*, que vous chant*assiez*, cré*assiez*, pri*assiez*.
SSENT. . .	qu'ils ras*assent*, chant*assent*, cré*assent*, pri*assent*.

PASSÉ.

On doute { *que j'aie* / que tu aies / qu'il ait / que nous ayons / que vous ayez / qu'ils aient } rasé, chanté, créé ou prié.

PLUSQUEPARFAIT.

Il aurait fallu { *que j'eusse* / que tu eusses / qu'il eût / que nous eussions / que vous eussiez / qu'ils eussent } rasé, chanté, créé ou prié.

(1) Tous les verbes de la *première* ou de la *seconde* conjugaison dont le participe-présent est en IANT ou en YANT, comme *prier*, PRIANT; *rire*, RIANT; *voir*, VOYANT; *croire*, CROYANT, etc. etc. prennent un *I* additionnel à la première et à la seconde personne plurielle de l'imparfait de l'indicatif et du présent ou futur du subjonctif, afin que l'on ne confonde pas ces personnes avec celles de l'indicatif-présent. On écrit donc au présent de l'indicatif: Nous *prions*, vous *priez*; nous *voyons*, vous *voyez*, etc.
mais il faut écrire à l'imparfait . . Je priais, je voyais : Nous *priions*, vous *priiez*; nous *voyions*, vous *voyiez*, etc.
et au présent du subjonctif . . . . Il faut que nous *priions*, que vous *priiez*; que nous *voyions*, que vous *voyiez*, etc.

(2) Dans les verbes de la *première* conjugaison, il suffit d'ôter le S final de l'imparfait de l'indicatif, pour avoir le passé-défini: *Je rasaiS*, *je rasai*; *je créaiS*, *je créai*, etc. etc.

(3) Dans les verbes de la *première conjugaison*, les lettres finales du futur en RAI, RAS, RA, etc. et les lettres finales du conditionnel-présent en RAIS, RAIS, RAIT, etc. doivent toujours être précédées d'un E *muet*, cet E *muet* fût-il même nul dans la prononciation: *PriER*, je *prieRai*, je *prieRais*; *LouER*, je *loueRai*, je *loueRais*; *RemercieR*, je *remercieRai*, je *remercieRais*; *SuppléER*, je *suppléeRai*, je *suppléeRais*; *ÉvaluER*, j'*évalueRai*, j'*évalueRais*, etc. etc. etc.

* *Voyez* au bas de la page suivante les notes 4, 5, 6 et 7.

Conjuguez comme *raser*, *chanter*, etc. tous les verbes terminés en ER à l'infinitif-présent, tels que *broder*, *parler*, *aimer*, *couronner*, *occuper*, *parer*, *oser*, *repousser*, *ôter*, *jouer*, *continuer*, etc. etc. etc.

(Voyez la note 1, page 35, sur les verbes dont le participe-présent est en IANT ou en YANT, tels que *multiplier*, *multipl*IANT; *envoyer*, *envo*YANT, etc.)

PREMIÈRE REMARQUE. Quand un verbe est terminé en GER à l'infinitif-présent, comme *songer*, *manger*, *juger*, etc. etc. on conserve l'E *muet* avant A et avant O pour adoucir le son du G.

EXEMPLES:

Songer : Songeant, nous songeons, je songeais; je songeai, tu songeas; que je songeasse, etc.

DEUXIÈME REMARQUE. Quand un verbe est terminé en YER, on change toujours l'Y grec en un I simple avant un E muet.

EXEMPLES:

Essayer : J'essaie, tu essaies, il essaie, (nous essayons, vous essayez) ils essaient; que j'essaie, etc. (1).
Employer : J'emploie, tu emploies, il emploie, (nous employons, vous employez) ils emploient; que j'emploie, etc.
Essuyer : J'essuie, tu essuies, il essuie, (nous essuyons, vous essuyez) ils essuient; que j'essuie, etc.

Écrivez également au futur : { J'essaierai, etc. / J'emploierai, etc. / J'essuierai, etc. } et au conditionnel-présent : { J'essaierais, tu essaierais, etc. / J'emploierais, etc. / J'essuierais, etc. }

(On sait qu'on doit écrire à l'imparfait de l'indicatif : *J'essayais*, *nous essayions*, *vous essayiez ; nous employions*, *vous employiez*, etc. et au subjonctif-présent : *Il faut que nous essayions*, etc. parce que les participes-présents de ces verbes sont *essa*YANT, *emplo*YANT, *essu*YANT.)

TROISIÈME REMARQUE. *Envoyer* et *renvoyer* font irrégulièrement au *futur* et conséquemment au *conditionnel-présent : J'enverrai*, j'*enverrais ;* je *renverrai*, je *renverrais.*

QUATRIÈME REMARQUE. Dans les verbes de la première conjugaison, le singulier de

---

(4) Dans les *deux* conjugaisons, les temps composés sont exactement les mêmes que les temps composés de *être* et de *avoir :* il suffit de changer le participe-passé, et de substituer *rasé*, *chanté*, etc. *fini*, *tenu*, *réduit*, *craint*, etc. à *été* ou à *eu*. (Voyez la page 33.)

(5) Indépendamment de ces trois temps composés, nous en avons encore deux autres qu'on appelle *surcomposés*, savoir : le *passé-indéfini-surcomposé* et le *plusqueparfait-surcomposé*.

Le passé-indéfini-surcomposé exprime une chose passée avant une autre dans un temps qui n'est pas déterminé ; exemple : *Quand* ou *dès que* J'AI EU CHANTÉ, *je me suis retiré*. (On dit plus volontiers : APRÈS AVOIR CHANTÉ, *je me suis retiré*.)

Le plusqueparfait surcomposé s'emploie le plus souvent avec SI, et marque une chose qui n'était pas encore faite dans un temps passé ; exemple : *Si* J'AVAIS EU CHANTÉ *plutôt*, *vous m'auriez entendu*.

(6) Nous avons aussi un futur-antérieur-surcomposé : *Il aura quitté la société*, *dès qu'il* AURA EU CHANTÉ.

(7) Enfin nous avons un conditionnel-passé surcomposé : J'AURAIS EU CHANTÉ *avant vous*, *si je n'avais pas été aussi timide*.

L'usage de ces quatre temps surcomposés (surtout des trois derniers) est si rare, que je n'ai pas cru devoir les faire entrer dans la nomenclature des temps composés des verbes des deux conjugaisons.

---

(1) Ecrivez de même : *Je paie*, *tu paies*, *ils paient*, et non pas : *Je paye*.

l'impératif qui n'a point de S final ordinairement, en prend un avant le pronom EN et avant le pronom Y.

On dira sans S : { *Apport*E des livres. *Donn*E tes soins à cette chose. *Mèn*E moi dans ce lieu. }

Mais il faudrait dire en parlant de livres : ApporteS (1) *en*.

en parlant de choses : DonneS *y* tes soins.

en parlant d'un lieu : { MèneS *y* moi. RetourneS *y*. }

La première conjugaison n'a qu'un verbe proprement dit irrégulier, c'est-à-dire, dont les temps ne se conjuguent pas exactement comme ceux de *raser* : c'est le verbe *aller*.

Aller, PARTICIPE-PRÉSENT *allant*, PARTICIPE-PASSÉ *allé*.

INDICATIF-PRÉSENT : Je *vais* (ou je *vas*), tu *vas*, il *va*, nous allons, vous allez, ils *vont*.

IMPARFAIT : J'allais, tu allais, etc.

PASSÉ-DÉFINI : J'allai, tu allas, il alla, etc. ou Je *fus*, tu *fus*, il *fut*, nous *fûmes*, vous *fûtes*, ils *furent*.

FUTUR : J'*irai*, tu *iras*, il *ira*, etc. CONDITIONNEL-PRÉSENT : J'*irais*, tu *irais*, il *irait*, etc.

IMPÉRATIF : *Va* (2), allons, allez.

PRÉSENT *ou* FUTUR *du subjonctif* : Que j'*aille*, que tu *ailles*, qu'il *aille*, que nous allions, que vous alliez, qu'ils *aillent*.

IMPARFAIT *du subjonctif* : Que j'allasse, que tu allasses, qu'il allât, etc.

Les temps composés de ce verbe se construisent avec *être*, comme *tomber*. (Voyez la page 54). Au lieu de :

Ayant allé, j'*ai* allé, j'*avais* allé, j'*aurai* allé, etc.
on dit : *Étant* allé, je *suis* allé, j'*étais* allé, je *serai* allé, etc.

Quand on emploie le participe-passé *été* au lieu de *allé*, alors il n'y a plus de difficulté pour la conjugaison des temps composés, et, de même qu'on dit :

Ayant rasé, j'*ai* rasé, j'*eus* rasé, j'*avais* rasé, j'*aurai* rasé, etc. etc.
de même on dit : *Ayant* été, j'*ai* été, j'*eus* été, j'*avais* été, j'*aurai* été, etc. etc.

REMARQUE. *Été* et *allé* ne s'emploient pas indifféremment l'un pour l'autre.

Il a ÉTÉ *à Rome* suppose que l'individu en est *revenu*.

Il est ALLÉ *à Rome* suppose que l'individu est en route pour s'y rendre, *mais qu'il n'en est pas revenu*.

S'EN *aller* se conjugue comme *aller*. PARTICIPE-PASSÉ *en allé*. TEMPS COMPOSÉS : Je m'*en suis* allé, je m'*en fus* allé, je m'*en étais* allé, je m'*en serai* allé, etc. IMPÉRATIF : *Va t'en*, allons nous en, allez vous en. (Voyez la page 55.)

En interrogeant on dit : *M'en irai-je? t'en iras-tu? s'en ira-t-il?*

---

(1) Le S ne devrait pas être *final* ; il devrait être simplement intercalaire (-S-) : *Apporte-s-en*. Mais que ne peut la tyrannie de l'usage !

(2) *Va* suivi de Y mis pour *là*, *en ce lieu*, prend un S final.
On dit : *Vas* Y, c'est-à-dire *va là*.
Mais on dirait, en parlant d'affaires, VA *y mettre ordre*, c'est-à-dire *va mettre ordre* A CELA.

Finales invariables.	INFINITIF. PRÉSENT. IR.		INFINITIF. PRÉSENT. OIR.	INFINITIF. PRÉSENT. RE.			
	Finir.	Tenir.	Devoir.	Plaire.	Réduire.	CraINDRE.	VenDRE.
	PARTICIPE-PRÉSENT.		PART.-PRÉS.		PARTICIPE-PRÉSENT.		
ANT ...	Finiss*ant*,	ten*ant*,	dev*ant*,	plais*ant*,	réduis*ant*,	craign*ant*,	vend*ant*.
	PARTICIPE-PASSÉ.		PART.-PASSÉ.		PARTICIPE-PASSÉ.		
	Fini, finie;	tenu, tenue;	dû, due;	plu, plue;	réduit, réduite;	craint, crainte;	vendu, vendue.
	INDICATIF.						
	PRÉSENT.						
S	Je fini*s*,	je tien*s*,	doi*s*,	plai*s*,	rédui*s*,	crain*s*,	vend*s*.
S	Tu fini*s*,	tu tien*s*,	doi*s*,	plai*s*,	rédui*s*,	crain*s*,	vend*s*.
T.	Il ou elle fini*t*,	il tien*t*,	doi*t*,	plai*t*,	rédui*t*,	crain*t*,	vend (1).
ONS....	Nous finiss*ons*,	nous ten*ons*,	dev*ons*,	plais*ons*,	réduis*ons*,	craign*ons*,	vend*ons*.
EZ ..	Vous finiss*ez*,	vous ten*ez*,	dev*ez*,	plais*ez*,	réduis*ez*,	craign*ez*,	vend*ez*.
ENT. ...	Ils ou elles finiss*ent*,	ils tienn*ent*,	doiv*ent*,	plais*ent*,	réduis*ent*,	craign*ent*,	vend*ent*.
	IMPARFAIT ou PASSÉ-RELATIF.						
AIS ...	Je finiss*ais*,	je ten*ais*,	dev*ais*,	plais*ais*,	réduis*ais*,	craign*ais*,	vend*ais*.
AIS ..	Tu finiss*ais*,	tu ten*ais*,	dev*ais*,	plais*ais*,	réduis*ais*,	craign*ais*,	vend*ais*.
AIT. ..	Il finiss*ait*,	il ten*ait*,	dev*ait*,	plais*ait*,	réduis*ait*,	craign*ait*,	vend*ait*.
} IONS .	Nous finiss*ions*,	nous ten*ions*,	dev*ions*,	plais*ions*,	réduis*ions*,	craign*ions*,	vend*ions*.
} IEZ .	Vous finiss*iez*,	vous ten*iez*,	dev*iez*,	plais*iez*,	réduis*iez*,	craign*iez*,	vend*iez*.
AIENT. ..	Ils finiss*aient*,	ils ten*aient*,	dev*aient*,	plais*aient*,	réduis*aient*,	craign*aient*,	vend*aient*.
	PASSÉ-DÉFINI.						
S	Je fini*s*,	je tin*s*,	du*s*,	plu*s*,	réduisi*s*,	craigni*s*,	vendi*s*.
S .	Tu fini*s*,	tu tin*s*,	du*s*,	plu*s*,	réduisi*s*,	craigni*s*,	vendi*s*.
T. ..	Il fini*t*,	il tin*t*,	du*t*,	plu*t*,	réduisi*t*,	craigni*t*,	vendi*t*.
^MES ..	Nous finî*mes*,	nous tîn*mes*,	dû*mes*,	plû*mes*,	réduisî*mes*,	craignî*mes*,	vendî*mes*.
^TES ..	Vous finî*tes*,	vous tîn*tes*,	dû*tes*,	plû*tes*,	réduisî*tes*,	craignî*tes*,	vendî*tes*.
RENT .	Ils fini*rent*,	ils tin*rent*,	du*rent*,	plu*rent*,	réduisi*rent*,	craigni*rent*,	vendi*rent*.
	FUTUR.						
RAI ...	Je fini*rai*,	je tiend*rai*,	dev*rai*,	plai*rai*,	rédui*rai*,	craind*rai*,	vend*rai*.
RAS. ...	Tu fini*ras*,	tu tiend*ras*,	dev*ras*,	plai*ras*,	rédui*ras*,	craind*ras*,	vend*ras*.
RA ..	Il fini*ra*,	il tiend*ra*,	dev*ra*,	plai*ra*,	rédui*ra*,	craind*ra*,	vend*ra*.
RONS ..	Nous fini*rons*,	nous tiend*rons*,	dev*rons*,	plai*rons*,	rédui*rons*,	craind*rons*,	vend*rons*.
REZ. ..	Vous fini*rez*,	vous tiend*rez*,	dev*rez*,	plai*rez*,	rédui*rez*,	craind*rez*,	vend*rez*.
RONT. ..	Ils fini*ront*,	ils tiend*ront*,	dev*ront*,	plai*ront*,	rédui*ront*,	craind*ront*,	vend*ront*.
	CONDITIONNEL-PRÉSENT.						
RAIS ..	Je fini*rais*,	je tiend*rais*,	dev*rais*,	plai*rais*,	rédui*rais*,	craind*rais*,	vend*rais*.
RAIS ..	Tu fini*rais*,	tu tiend*rais*,	dev*rais*,	plai*rais*,	rédui*rais*,	craind*rais*,	vend*rais*.
RAIT ..	Il fini*rait*,	il tiend*rait*,	dev*rait*,	plai*rait*,	rédui*rait*,	craind*rait*,	vend*rait*.
RIONS .	Nous fini*rions*,	nous tiend*rions*,	dev*rions*,	plai*rions*,	rédui*rions*,	craind*rions*,	vend*rions*.
RIEZ .	Vous fini*riez*,	vous tiend*riez*,	dev*riez*,	plai*riez*,	rédui*riez*,	craind*riez*,	vend*riez*.
RAIENT .	Ils fini*raient*,	ils tiend*raient*,	dev*raient*,	plai*raient*,	rédui*raient*,	craind*raient*,	vend*raient*.
	IMPÉRATIF.						
	PRÉSENT ou FUTUR.						
S ...	Fini*s*,	tien*s*,	doi*s*,	plai*s*,	rédui*s*,	crain*s*,	vend*s*.
ONS. ..	Finiss*ons*,	ten*ons*,	dev*ons*,	plais*ons*,	réduis*ons*,	craign*ons*,	vend*ons*.
EZ ...	Finiss*ez*,	ten*ez*,	dev*ez*,	plais*ez*,	réduis*ez*,	craign*ez*,	vend*ez*.
	SUBJONCTIF.						
	PRÉSENT ou FUTUR.						
E . .	Il faut, il faudra { que je finiss*e*,	que je tienn*e*,	doiv*e*,	plais*e*,	réduis*e*,	craign*e*,	vend*e*.
ES .	que tu finiss*es*,	que tu tienn*es*,	doiv*es*,	plais*es*,	réduis*es*,	craign*es*,	vend*es*.
E .	qu'il finiss*e*,	qu'il tienn*e*,	doiv*e*,	plais*e*,	réduis*e*,	craign*e*,	vend*e*.
} IONS .	que nous finiss*ions*,	que nous ten*ions*,	dev*ions*, } (2)	plais*ions*,	réduis*ions*,	craign*ions*,	vend*ions*.
} IEZ .	que vous finiss*iez*,	que vous ten*iez*,	dev*iez*, }	plais*iez*,	réduis*iez*,	craign*iez*,	vend*iez*.
ENT. .	qu'ils finiss*ent*,	qu'ils tienn*ent*,	doiv*ent*,	plais*ent*,	réduis*ent*,	craign*ent*.	vend*ent*.
	IMPARFAIT.						
SSE .	Il fallait, il faudrait { que je fini*sse*,	que je tin*sse*,	du*sse*,	plu*sse*,	réduisi*sse*,	craigni*sse*,	vendi*sse*.
SSES	que tu fini*sses*,	que tu tin*sses*,	du*sses*,	plu*sses*,	réduisi*sses*,	craigni*sses*,	vendi*sses*.
^T.	qu'il finî*t*,	qu'il tîn*t*, (3)	dû*t*,	plû*t*,	réduisî*t*,	craignî*t*,	vendî*t*.
SSIONS	que nous fini*ssions*,	que nous tin*ssions*,	du*ssions*,	plu*ssions*,	réduisi*ssions*,	craigni*ssions*,	vendi*ssions*.
SSIEZ.	que vous fini*ssiez*,	que vous tin*ssiez*,	du*ssiez*,	plu*ssiez*,	réduisi*ssiez*,	craigni*ssiez*,	vendi*ssiez*.
SSENT.	qu'ils fini*ssent*,	qu'ils tin*ssent*,	du*ssent*,	plu*ssent*,	réduisi*ssent*,	craigni*ssent*,	vendi*ssent*.

TEMPS COMPOSÉS.

PASSÉ de l'infinitif.

Avoir { fini, tenu, dû, plu, réduit, craint, vendu.

PASSÉ-COMPOSÉ.

Ayant { fini, tenu, dû, plu, réduit, craint, vendu.

PASSÉ-INDÉFINI.

J'ai / Tu as / Il a / Nous avons / Vous avez / Ils ont } fini, tenu, dû, plu, réduit, etc

PLUSQUEPARFAIT.

J'avais / Tu avais / Il avait / Nous avions / Vous aviez / Ils avaient } fini, dû, réduit, etc.

PASSÉ-ANTÉRIEUR.

J'eus / Tu eus / Il eut / Nous eûmes / Vous eûtes / Ils eurent } tenu, plu, craint, vendu, etc.

FUTUR-PASSÉ.

J'aurai / Tu auras / Il aura / Nous aurons / Vous aurez / Ils auront } fini, dû, réduit, etc.

CONDITIONNEL-PASSÉ.

J'aurais / Tu aurais / Il aurait / Nous aurions / Vous auriez / Ils auraient } fini, dû, etc.

Point de temps composé.

PASSÉ.

On doute { *que j'aie* / que tu aies / qu'il ait / que nous ayons / que vous ayez / qu'ils aient } fini, réduit, vendu, etc.

PLUSQUEPARFAIT.

Il aurait fallu { *que j'eusse* / que tu eusses, / qu'il eût / que nous eussions / que vous eussiez / qu'ils eussent } fini, dû, craint, etc.

(1) Les verbes dont l'infinitif-présent est en DRE (la terminaison en INDRE exceptée), prennent au singulier de l'indicatif-présent DS, DS, D.

EXEMPLES:			
EntenDRE :	J'enten*ds*,	tu enten*ds*,	il enten*d*.
FonDRE :	Je fon*ds*,	tu fon*ds*,	il fon*d*.
MorDRE :	Je mor*ds*,	tu mor*ds*,	il mor*d*.
PerDRE.	Je per*ds*,	tu per*ds*,	il per*d*.

Le D de la troisième personne du singulier du présent de l'indicatif, équivaut réellement au T; en effet, on prononce : *Entend-elle? fond-il? mord-il? perd-elle?* comme s'il y avait : *entenT-elle? fonT-il? morT-il? perT-elle?*
On supprime le D au singulier de l'indicatif-présent des verbes en INDRE.

EXEMPLES:

CraINDRE :	Je crains,	tu crains,	il craint.
JoINDRE :	Je joins,	tu joins,	il joint.
PeINDRE	Je peins,	tu peins,	il peint.
PlaINDRE	Je plains,	tu plains,	il plaint.

(2) Dans les deux conjugaisons, la première et la seconde personne plurielle de l'*imparfait du subjonctif* sont semblables à la première et à la seconde personne plurielle de l'*imparfait de l'indicatif* : les lettres finales sont IONS, IEZ. (Voyez ces lettres finales.)

(3) Dans les deux conjugaisons, on met toujours un accent circonflexe (^) sur la dernière voyelle de la syllabe finale de la *troisième* personne du singulier de l'*imparfait du subjonctif*. Outre que le propre de cet accent est d'allonger la voyelle sur laquelle il est placé, ce signe empêche que l'on ne confonde cette troisième personne avec la troisième personne du passé-défini, surtout dans les verbes de la seconde conjugaison.

1re. CONJUGAISON. Il m'*aima*; je voudrais qu'il m'*aimât*.

2e. CONJUGAISON. { Il *vint*; / Il *eut*, / Il m'*entendit*, } je voudrais qu'il { *vînt*. / *eût*. / m'*entendît*.

On a déjà dû remarquer que la différence des lettres finales des deux conjugaisons tombe seulement, 1°. sur le singulier du présent de l'indicatif; 2°. sur le singulier du passé-défini; 3°. sur le singulier de l'impératif.

	1re. CONJUGAISON.		2e. CONJUGAISON.					
	*Pos*ER,	Finales.		*Serv*IR,	*Sent*IR,	*Ven*IR,	*Concev*OIR,	*Peind*RE (1).
	INDICATIF-PRÉSENT.			INDICATIF-PRÉSENT.				
1°.	Je pose	E.	S. . . .	Je ser*s*,	je sen*s*,	je vien*s*,	je conçoi*s*,	je pein*s*, etc.
	Tu pose*s* . . .	ES.	S. . . .	Tu ser*s*,	tu sen*s*,	tu vien*s*,	tu conçoi*s*,	tu pein*s*.
	Il ou elle pose .	E.	T . . .	Il ser*t*,	il sen*t*,	il vien*t*,	il conçoi*t*,	il pein*t*.
	PASSÉ-DÉFINI.			PASSÉ-DÉFINI.				
2°.	Je pos*ai*	AI.	S. . . .	Je servi*s*,	je senti*s*,	je vin*s*,	je conçu*s*,	je peigni*s*, etc.
	Tu pos*as* . . .	AS.	S. . . .	Tu servi*s*,	tu senti*s*,	tu vin*s*,	tu conçu*s*,	tu peigni*s*.
	Il pos*a*	A.	T. . . .	Il servi*t*,	il senti*t*,	il vin*t*,	il conçu*t*,	il peigni*t*.
	IMPÉRATIF.			IMPÉRATIF.				
3°.	Pose	E.	S. . . .	Ser*s*,	sen*s*,	vien*s*,	conçoi*s*,	pein*s*.

Hors de là, les lettres finales sont les mêmes dans les deux conjugaisons.

Le pluriel du présent de l'indicatif est terminé par				ONS,	EZ,	ENT.
L'imparfait de l'indicatif par	AIS,	AIS,	AIT,	IONS,	IEZ,	AIENT.
Le pluriel du passé-défini par				^MES,	^TES,	RENT (2).
Le futur par	RAI,	RAS,	RA,	RONS,	REZ,	RONT.
Le conditionnel-présent par	RAIS,	RAIS,	RAIT,	RIONS,	RIEZ,	RAIENT.
Le présent ou futur du subjonctif par . .	E,	ES,	E,	IONS,	IEZ,	ENT.
L'imparfait du subjonctif par	SSE,	SSES,	^T,	SSIONS,	SSIEZ,	SSENT (3).
Le pluriel de l'impératif par				ONS,	EZ.	

Enfin le participe-présent est toujours terminé en ANT.

---

(1) *Valoir*, *vouloir* et *pouvoir* (et les verbes qui en sont formés, tels que *prévaloir*, *équivaloir*) font au singulier du présent de l'indicatif :

Je vaux, tu vaux, il vaut.
Je veux, tu veux, il veut.
Je peux ou Je puis, } tu peux, il peut.

Dans ces trois seuls verbes de la seconde conjugaison, le X équivaut au S. (*Mouvoir* fait je *meuS* par un S.)

(2) Ou, si l'on veut, pour la première conjugaison :

ÂMES, ÂTES, ÈRENT.

Pour la seconde conjugaison :
- ÎMES, ÎTES, IRENT, quand le passé-défini est terminé en IS.
- ÛMES, ÛTES, URENT, quand le passé-défini est terminé en US.
- ÎNMES, ÎNTES, INRENT, quand le passé-défini est terminé en INS.

(3) Ou, si l'on veut, pour la première conjugaison :

ASSE, ASSES, ÂT, ASSIONS, ASSIEZ, ASSENT.

Et pour la seconde :
- ISSE, ISSES, ÎT, ISSIONS, ISSIEZ, ISSENT, quand le passé-défini est terminé en IS.
- USSE, USSES, ÛT, USSIONS, USSIEZ, USSENT, quand le passé-défini est en US.
- INSSE, INSSES, ÎNT, INSSIONS, INSSIEZ, INSSENT, quand le passé-défini est en INS.

On peut jeter déjà un coup d'œil sur le tableau des lettres finales des deux conjugaisons, page 43.

6..

On sait ce qu'on entend par temps simples et par temps composés des verbes.
Les temps qui servent à former les temps simples et les temps composés, s'appellent *Temps* PRIMITIFS, c'est-à-dire *formateurs*.

TABLEAU DES TEMPS PRIMITIFS.

INFINITIF.	PART.-PRÉSENT.	PARTICIPE-PASSÉ.	PRÉS. DE L'INDIC.	PASSÉ-DÉFINI.
PREMIÈRE CONJUGAISON.				
Raser.	Rasant.	Rasé, rasée.	Je rase.	Je rasai.
DEUXIÈME CONJUGAISON.				
Finir.	Finissant.	Fini, finie.	Je finis.	Je finis.
Tenir.	Tenant.	Tenu, ue.	Je tiens.	Je tins.
Devoir.	Devant.	Dû, ue.	Je dois.	Je dus.
Plaire.	Plaisant.	Plu, ue.	Je plais.	Je plus.
Réduire.	Réduisant.	Réduit, uite.	Je réduis.	Je réduisis.
Craindre.	Craignant.	Craint, inte.	Je crains.	Je craignis.
Vendre.	Vendant.	Vendu, ue.	Je vends.	Je vendis.

PREMIÈRE RÈGLE.

De l'*infinitif* se forment dans les deux conjugaisons :
1°. Le *futur* en changeant le R ou le RE final en RAI;
2°. Le *conditionnel-présent* en changeant le R ou le RE final en RAIS.

	PREMIÈRE CONJUGAISON en ER.	DEUXIÈME CONJUGAISON non en ER.
Infinitif :	RaseR, lieR, avoueR, sueR ;	finiR, liRE, craindRE, vendRE, mettRE, etc.
Futur :	Je raseRAI, lieRAI, avoueRAI, sueRAI ;	finiRAI, liRAI, craindRAI, vendRAI, mettRAI, etc. (1)
Condit.-présent :	Je raseRAIS, lieRAIS, avoueRAIS, sueRAIS ;	finiRAIS, liRAIS, craindRAIS, vendRAIS, mettRAIS, etc.

Les verbes dont l'infinitif est terminé en ENIR changent ENIR en IENDRAI pour le futur, et en IENDRAIS pour le conditionnel-présent ; *V*ENIR : *je v*IENDRAI, *je v*IENDRAIS ; *T*ENIR : *je t*IENDRAI, *je t*IENDRAIS, etc.

Les verbes en EVOIR changent VOIR en VRAI et en VRAIS ; *De*VOIR : *je de*VRAI, *je de*VRAIS ; *Conce*VOIR : *je conce*VRAI, *je conce*VRAIS (2).

---

(1) Gardez vous bien de dire et d'écrire : *je venderai*, *je venderais* ; *je metterai*, *je metterais* ; on ne met un E muet avant RAI et avant RAIS qu'à la première conjugaison : *je prierai*, *je prierais*, à cause de *prier* ; *je créerai*, *je créerais*, à cause de *créer* ; *je continuerai*, *je continuerais*, à cause de *continuer*.

(2) Voici quelques futurs irréguliers.

Acquérir, *requérir*, *conquérir* ; *mourir*, *courir* et ses composés *accourir*, *parcourir*, *secourir*, etc. font au futur : *j'acquerrai*, *je conquerrai*, etc. ; *je mourrai*, *je courrai*, etc. (Prononcez les deux R.)

Cueillir et ses composés *accueillir*, *recueillir*, etc. font : *je cueillerai* ; *Tressaillir* fait *je tressaillerai*.

Dechoir fait *je décherrai* ; *échoir*, *il écherra* ; *falloir*, *il faudra*.

Mouvoir et *émouvoir* font *je mouvrai*, etc. ; *pleuvoir*, *il pleuvra*.

Pouvoir fait *je pourai* (plutôt que *je pourrai*). *Savoir* fait *je saurai*.

Seoir fait *il siéra* ; *asseoir* et *s'asseoir* font : *j'assierai*, *je m'assiérai*. (*Surseoir* est régulier : *je surseoirai*.)

Vouloir, *valoir* et ses composés font : *je voudrai*, *je vaudrai*.

Voir, *revoir* et *entrevoir* font : *je verrai*, *je reverrai*, *j'entreverrai*. (*Envoyer* et *renvoyer* font aussi : *j'enverrai*, *je renverrai*.)

Faire et ses composés *défaire*, *refaire*, *contrefaire*, *satisfaire*, etc. font : *je ferai*, *je déferai*, etc.

On sait que tous les verbes en YER changent au futur l'Y grec en un I simple. Exemples : *Employer*, *j'emploierai* ; *payer*, *je paierai* ; *essuyer*, *j'essuierai*, etc.

Ajoutez un S à tous ces futurs irréguliers, et vous aurez le CONDITIONNEL-PRÉSENT : *j'acquerrai*, *j'acquerraiS* ; *je mourrai*, *je mourraiS*, etc. etc.

DEUXIÈME RÈGLE.

Du *participe*, toujours terminé en ANT, se forment dans les deux conjugaisons :

1°. le *pluriel* du *présent* de l'indicatif, en changeant ANT en { ONS, EZ, ENT.

Rasant : { nous ras*ons*, vous ras*ez*, ils ras*ent*. Finiss*ant* : { nous finiss*ons*, vous finiss*ez*, ils finiss*ent*. Craign*ant* : { nous craign*ons*. vous craign*ez*. ils craign*ent*.

Les verbes en ENIR, tels que *tenir*, *ten*ANT ; *venir*, *ven*ANT, font : *Nous ten*ONS *vous ten*EZ, *ils t*IENNENT ; *Nous ven*ONS, *vous ven*EZ, *ils v*IENNENT, etc. etc.

Devoir, *dev*ANT (et en général tous les verbes en EVOIR) font : *Nous dev*ONS, *vous dev*EZ, *ils d*OIVENT ; *Concevoir*, *concev*ANT : *nous concev*ONS, *vous concev*EZ, *ils con*ÇOIVENT, etc. etc. (1).

2°. L'*imparfait* de l'indicatif, en changeant ANT en AIS.

Ras*ant*, je ras*ais*.
Ten*ant*, je ten*ais*.
Craign*ant*, je craign*ais*, etc.

Le seul verbe *savoir*, participe *sachant*, fait *je savais.*

TROISIÈME RÈGLE.

Du *présent de l'indicatif* on forme :

1°. L'*impératif* en retranchant les pronoms personnels *je*, *nous* et *vous* de ce premier temps.

	PRÉSENT DE L'INDICATIF.	IMPÉRATIF.
1re. CONJUGAISON.	*Je* rase ;	rase.
	Nous rasons ;	rasons.
	Vous rasez.	rasez.
2e. CONJUGAISON.	*Je* finis ;	finis.
	Nous finissons ;	finissons.
	Vous finissez.	finissez.
	Je fais ;	fais.
	Nous faisons ;	faisons.
	Vous faites.	faites.

EXCEPTIONS.

L'impératif de *savoir* est :

Sache, sachons, sachez.

L'impératif de *vouloir* n'est usité qu'à la seconde personne plurielle ; on dit : *veuillez*.

(1) Le *pluriel* du présent de l'indicatif des verbes relatés ci-après, est irrégulier :

Boire, *buv*ANT ; *nous buv*ONS, *vous buv*EZ, *ils b*OIVENT.

Dire { *dis*ANT ; *nous dis*ONS, *vous di*TES, *ils dis*ENT.
et
Redire { *redis*ANT ; *nous redis*ONS, *vous redi*TES, *ils redis*ENT.

(La seconde personne plurielle des autres composés de *dire*, est régulière : *vous contredis*EZ, *vous dédis*EZ, *vous interdis*EZ, *vous médis*EZ, *vous prédis*EZ, etc. *Maudire*, *maudiss*ANT, fait aussi *vous maudiss*EZ.)

Faire, *fais*ANT, et ses composés sans exception, font : *nous fais*ONS, *vous fai*TES, *ils f*ONT.

Acquérir et tous les composés de *quérir* font : *acquér*ANT ; *nous acquér*ONS, *vous acquér*EZ, *ils acqu*IÈRENT.

Mourir, *mour*ANT ; *nous mour*ONS, *vous mour*EZ, *ils m*EURENT.

Mouvoir et son composé *émouvoir*, *mouv*ANT ; *nous mouv*ONS, *vous mouv*EZ, *ils m*EUVENT.

Pouvoir, *pouv*ANT ; *nous pouv*ONS, *vous pouv*EZ, *ils p*EUVENT.

Vouloir, *voul*ANT ; *nous voul*ONS, *vous voul*EZ, *ils v*EULENT.

Savoir, *sach*ANT ; *nous sav*ONS, *vous sav*EZ, *ils s*AVENT.

2°. Le *présent du subjonctif* en retranchant NT de la troisième personne plurielle de l'indicatif-présent.

INFINITIF.	3e. PERS. PLURIELLE.		PRÉSENT OU FUTUR DU SUBJONCTIF.			
Raser,	ils rase*nt;*	Il faut	que je RASE,	que tu rases,	que nous rasions,	qu'ils rasent.
Finir,	ils finisse*nt;*		que je FINISSE,	que tu finisses,	que nous finissions,	qu'ils finissent.
Tenir,	ils tienne*nt;*		que je TIENNE,	que tu tiennes,	que nous *tenions*,	qu'ils tiennent.
Devoir,	ils doive*nt;*		que je DOIVE,	que tu doives,	que nous *devions*,	qu'ils doivent.
Craindre,	ils craigne*nt;*		que je CRAIGNE,	que tu craignes,	que nous craignions,	qu'ils craignent.
Boire,	ils boive*nt;*		que je BOIVE,	que tu boives,	que nous *buvions*,	qu'ils boivent.
Mourir,	ils meure*nt;*		que je MEURE,	que tu meures,	que nous *mourions*,	qu'ils meurent.
Acquérir,	ils acquière*nt;*		que j'ACQUIÈRE,	que tu acquières,	que nous *acquérions*,	qu'ils acquièrent.
Mouvoir,	ils meuve*nt;*		que je MEUVE,	que tu meuves,	que nous *mouvions*,	qu'ils meuvent (1).

QUATRIÈME RÈGLE.

De la *seconde* personne du *singulier du passé-défini* se forme l'*imparfait du subjonctif*, en ajoutant simplement SE (2).

EXEMPLES:

	INFINITIF.	PASSÉ-DÉFINI.	IMPARFAIT DU SUBJONCTIF.
1re. CONJUGAISON.	Raser,	je rasai, tu *rasas ;*	que je *rasasse*, etc.
	Chanter,	je chantai, tu *chantas ;*	que je *chantasse*, etc.
2e. CONJUGAISON.	Sentir,	je sentis, tu *sentis ;*	que je *sentisse*, etc.
	Devoir,	je dus, tu *dus ;*	que je *dusse*, etc.
	Réduire,	je réduisis, tu *réduisis ;*	que je *réduisisse*, etc.

CINQUIÈME RÈGLE.

Du *participe-passé* on forme, dans les deux conjugaisons, tous les temps composés, en y joignant les temps suivants du verbe *avoir.*

INFINITIF-PASSÉ :	*Avoir*	rasé, chanté, etc. fini, dû, plu, réduit, craint, vendu, mis, pris, etc.
PARTICIPE-PASSÉ :	*Ayant*	
PASSÉ-INDÉFINI :	*J'ai*	
PLUSQUEPARFAIT :	*J'avais*	
PASSÉ-ANTÉRIEUR :	*J'eus*	
FUTUR-PASSÉ :	*J'aurai*	
CONDITIONNEL-PASSÉ :	*J'aurais*	
PASSÉ DU SUBJONCTIF :	*Que j'aie*	
PLUSQUEPARFAIT DU SUBJONCTIF :	*Que j'eusse*	

Quelques verbes empruntent dans leurs temps composés le verbe *être;* ils se conjuguent alors comme *tomber.* (*Voyez* page 54.)

(1) Il n'y a que *cinq* verbes qui forment exception :
Faire, *ils* FONT ; *que je* FASSE . . . *que nous* FASSIONS, *que vous* FASSIEZ, *qu'ils fassent.*
Pouvoir, *ils* PEUVENT ; *que je* PUISSE... *que nous* PUISSIONS, *que vous* PUISSIEZ, *qu'ils puissent.*
Savoir, *ils* SAVENT ; *que je* SACHE... *que nous* SACHIONS, *que vous* SACHIEZ, *qu'ils sachent.*
Valoir, *revaloir* et *équivaloir* font :
Ils VALENT, *que je* VAILLE... *que nous valions*, *que vous valiez*, *qu'ils* VAILLENT.
(*Prévaloir* est régulier : *ils prévalent* ; *que je* PRÉVALE... *qu'ils* PRÉVALENT.)
Vouloir, *ils* VEULENT ; *que je* VEUILLE, etc. *que nous voulions*, *que vous vouliez*, *qu'ils* VEUILLENT.

(2) Tous les Grammairiens donnent *deux* règles pour la formation de l'imparfait du subjonctif ; on voit qu'une seule règle suffit.

…nez-vous donc :

Que le *pluriel* du *présent de l'indicatif* et l'*imparfait* se forment du *participe-présent*.
Que le *futur* et le *conditionnel-présent* se forment de l'*infinitif-présent*.
Que l'*impératif* et le *présent du subjonctif* se forment du *présent de l'indicatif*.
Que l'*imparfait du subjonctif* se forme du *passé-défini*.

…me la formation des temps simples et l'application des lettres finales, dans les deux conjugaisons, sont de la plus haute impor-… je crois devoir placer ici un tableau qui sera d'un grand secours aux commençants.

TEMPS PRIMITIFS.

INDICATIF-PRÉSENT.

	1re. Conjugaison.		2e. Conjugaison.	
		SINGULIER.		
	Je joue	E.	S.	Je dors, je ris.
	Tu joues	ES.	S.	Tu dors, tu ris.
	Il joue	E.	T.	Il dort, il rit.

PARTICIPE-PRÉSENT.

Jouant, dormant, riant.

(Changez ANT en ONS, EZ, ENT.)

PLURIEL des deux conjugaisons.			
Nous jouons	ONS		Nous dormons, nous rions.
Vous jouez	EZ		Vous dormez, vous riez.
Ils jouent	ENT		Ils dorment, ils rient.

(Changez ANT en AIS.)

IMPARFAIT des deux conjugaisons.			
Je jouais, dormais, riais	AIS.	IONS	Nous jouions, dormions, riions.
Tu jouais, dormais, riais	AIS.	IEZ	Vous jouiez, dormiez, riiez.
Il jouait, dormait, riait	AIT.	AIENT	Ils jouaient, dormaient, riaient.

PASSÉ-DÉFINI.

1re Conjug.			2e. Conjug.	
		SINGULIER.		
Je jouai	AI.	(1) *	S.	Je dormis, je ris.
Tu jouas	AS.		S.	Tu dormis, tu ris.
Il joua	A.		T.	Il dormit, il rit.

PLURIEL des deux conjugaisons.			
Nous jouâmes	^MES		Nous dormîmes, nous rîmes.
Vous jouâtes	^TES		Vous dormîtes, vous rîtes.
Ils jouèrent	RENT		Ils dormirent, ils rirent.

INFINITIF-PRÉSENT.

JoueR, dormiR, riRE.
(Changez R ou RE en RAI.)

FUTUR des deux conjugaisons.			
Je jouerai, dormirai, rirai	RAI.	RONS	Nous jouerons, nous dormirons, rirons.
Tu joueras, dormiras, riras	RAS.	REZ	Vous jouerez, dormirez, rirez.
Il jouera, dormira, rira	RA.	RONT	Ils joueront, dormiront, riront.

(Changez R ou RE en RAIS.)

CONDITIONNEL-PRÉSENT des deux conjugaisons.			
Je jouerais, dormirais, rirais	RAIS.	RIONS	Nous jouerions, dormirions, ririons.
Tu jouerais, dormirais, rirais	RAIS.	RIEZ	Vous joueriez, dormiriez, ririez.
Il jouerait, dormirait, rirait	RAIT.	RAIENT.	Ils joueraient, dormiraient, riraient.

IMPÉRATIF.

PRÉSENT DE L'INDICATIF.

Je joue, *je* dors, *je* ris.
Nous jouons, dormons, rions.
Vous jouez, dormez, riez.
(Retranchez JE, NOUS et VOUS.)

1re. Conjug.			2e. Conjug.	
		SINGULIER.		
Joue	E.		S.	Dors, ris.
		PLURIEL des deux conjugaisons.		
Jouons	ONS			Dormons, rions.
Jouez	EZ			Dormez, riez.

SUBJONCTIF.

Ils jouent, dorment, rient.
(Retranchez NT.)

PRÉSENT ou FUTUR des deux conjugaisons.			
Que je joue, que je dorme, que je rie.	E.	IONS	Que nous jouions, dormions, riions.
Que tu joues, dormes, ries	ES.	IEZ	Que vous jouiez, dormiez, riiez.
Qu'il joue, dorme, rie	E.	ENT	Qu'ils jouent, dorment, rient.

Seconde personne du singulier du PASSÉ-DÉFINI.

Tu jou*as*, tu dorm*is*, tu r*is*.
(Ajoutez simplement SE.)

IMPARFAIT des deux conjugaisons.			
Que je jouasse, dormisse, risse	SSE.	SSIONS	Que nous jouassions, dormissions, rissions.
Que tu jouasses, dormisses, risses	SSES.	SSIEZ	Que vous jouassiez, dormissiez, rissiez.
Qu'il jouât, dormît, rît	^T.	SSENT	Qu'ils jouassent, dormissent, rissent.

…convient de voir les exceptions, pages 38, 39, 40, 41 et 42.

(1) * *Voyez* la note au bas de la page suivante.

Conjuguez comme *finir*, page 38, tous les verbes terminés en IR à l'infinitif, tels que *bâtir*, *durcir*, *mollir*, *unir*, etc.

Les *verbes composés* suivent la conjugaison des *verbes simples : bâtir*, *durcir*, *mollir*, *unir*, par exemple, sont des *verbes simples ;* et RE*bâtir*, EN*durcir*, A*mollir*, DÉS*unir*, sont des *verbes composés*.

Les verbes en IR sont fort nombreux. Il y en a très peu qui soient en IRE : ils sont relatés page 47.

Haïr se conjugue aussi comme *finir*, excepté au singulier du présent de l'indicatif et au singulier de l'impératif. On dit :

	INDICATIF-PRÉSENT.	IMPÉRATIF.
	Je *hais*, tu *hais*, il *hait ;*	*hais.*
et l'on prononce exactement comme dans :	Je *fais*, tu *fais*, il *fait ;*	*fais.*

Hors de là, A et I forment deux syllabes, et l'I réclame le double-point : *Nous haïssons*, *vous haïssez*, *ils haïssent ; je haïssais*, etc. (Le passé-défini est peu usité.)

Ouïr n'est d'usage qu'à l'infinitif et aux temps composés : *J'ai ouï*, *j'avais ouï*, etc. Le passé-défini : *J'ouïs*, est peu usité.

Gir ou *gésir* ne s'emploie que dans ces façons de parler : *Ci-gît* (style d'épitaphe) ; il *gisait* ou *était gisant*, etc.

Fleurir, en parlant des fleurs, est régulier. (On dit : *Florissant*, *je florissais*, en parlant des *arts*, des *états* : *Les lettres florissaient*, etc.)

Bénir est régulier. On dit cependant au participe-passé : *Bénit*, *bénite*, quand il s'agit des cultes : *Du pain* BÉNIT, *de l'eau* BÉNITE. Hors de là, écrivez *béni*, *bénie*.

---

(1) Le passé-défini de la première conjugaison est toujours terminé en AI : *Ras*ER, *je ras*AI ; *cré*ER, *je cré*AI, etc.

Le passé-défini de la deuxième conjugaison varie ; il se forme de l'*infinitif*.

L'infinitif est-il en IR ? changez IR en IS.

	INFINITIF.	PASSÉ-DÉFINI.	EXCEPTIONS.
	Sent*ir*, serv*ir*, dorm*ir*, etc.	Je sent*is*, je serv*is*, je dorm*is*, etc.	*Mourir*, *courir* et ses composés, font : *je mourus*, *je courus*.
L'infinitif est-il en ENIR ? changez ENIR en INS :	T*enir*, v*enir*, etc.	Je t*ins*, je v*ins*, etc.	Les verbes en *quérir* font *quis :* *Acquérir*, *j'ac*QUIS ; *conquérir*, *je con*QUIS.
Les verbes en INDRE changent *indre* en *ignis :*	Pla*indre*, pe*indre*, jo*indre*, etc.	Je pla*ignis*, je pe*ignis*, je jo*ignis*, etc.	
Les verbes en UIRE changent *uire* en *uisis :*	N*uire*, prod*uire*, instr*uire*, etc.	Je n*uisis*, je prod*uisis*, j'instr*uisis*, etc.	*Luire* n'a pas de passé-défini.
Les verbes en CRIRE changent *crire* en *crivis :*	É*crire*, pres*crire*, etc.	J'é*crivis*, je pres*crivis*, etc.	
Les verbes en OITRE et en AITRE changent cette terminaison en US :	Cr*oître*, conn*aître*, par*aître*, etc.	Je cr*us*, je conn*us*, je par*us*, etc.	*Naître* fait *je* NAQUIS. *Paître* n'a point de passé-défini.

Les verbes en OIR ont tous le passé-défini en US. (*Voyez* la page 39.)

(*Voir* (*revoir* et *entrevoir*), *asseoir* et *s'asseoir* font cependant : *je* VIS, etc. *j'as*SIS, *je m'as*SIS)

Voyez au surplus les pages 45 et 46.

Conjuguez aussi sur *finir :*

1°. *Mentir*, *sentir*, et leurs composés *démentir*, *consentir*, *pressentir*, etc.	INDICATIF-PRÉSENT :	Je *mens*, je *sens*.
	PARTICIPE-PRÉSENT :	*Mentant*, *sentant*.
2°. *Dormir*, *servir*, et leurs composés *endormir*, *desservir*, etc.	INDICATIF-PRÉSENT :	Je *dors*, je *sers*.
	PARTICIPE-PRÉSENT :	*Dormant*, *servant*.
3°. *Sortir* et *ressortir*, *partir* et *repartir*.	INDICATIF-PRÉSENT :	Je *sors*, je *pars*.
	PARTICIPE-PRÉSENT :	*Sortant*, *partant*.

(*Sortir*, *ressortir*, *partir*, etc. prennent *être* aux temps composés ; *voyez* page 55.)

	INFINITIF.	PART.-PRÉS.	PART.-PASSÉ.
4°.	Cueillir,	cueillant,	cueilli.
	Tressaillir,	tressaillant,	tressailli.
	Ouvrir,	ouvrant,	ouvert.
	Offrir,	offrant,	offert.
	Souffrir,	souffrant,	souffert.

Ces cinq verbes et leurs composés *accueillir*, *recueillir*, *entr'ouvrir*, *rouvrir*, *mésoffrir*, etc. suivent au singulier du présent de l'indicatif les lettres finales de la première conjugaison *e*, *es*, *e* ; *je cueille*, *tu cueilles*, *il cueille* ; *j'ouvre*, *tu ouvres*, *il ouvre* ; *je souffre*, *tu souffres*, *il souffre*, *je tressaille*, etc.

Assaillir se conjugue comme *tressaillir* ; ajoutez y *saillir*, quand ce verbe signifie *s'avancer au dehors* ; *ce balcon saille trop*, est trop saillant. *Saillir* signifiant *s'élancer* se conjugue comme *finir* : *Les eaux saillissent*, etc.

5°. Les sept verbes suivants et leurs composés, dont voici les temps primitifs :

Acquérir (1).	Acquérant.	Acquis, ise.	J'acquiers.	J'acquis.
Bouillir.	Bouillant.	Bouilli, ie.	Je bous.	Je bouillis.
Courir.	Courant.	Couru, ue.	Je cours.	Je courus.
Faillir.	. . . . . .	Failli.	. . . . . .	Je faillis.
Fuir.	Fuyant.	Fui.	Je fuis.	Je fuis (2).
Mourir.	Mourant.	Mort, orte.	Je meurs.	Je mourus (3).
Vêtir.	Vêtant.	Vêtu, ue.	Je vêts.	Je vêtis.

Conjuguez comme *tenir*, 1°. tous les composés de *tenir*, tels que *appartenir*, *détenir*, *contenir*, *maintenir*, *soutenir*, etc. ; 2°. *venir*, et ses composés *devenir*, *convenir*, *parvenir*, *survenir*, etc.

Remarque. *Venir*, et les verbes qui en sont formés (excepté *subvenir* et *contrevenir*), prennent *être* aux temps composés. Voyez *tomber*, page 54.

Conjuguez comme *devoir* tous les verbes dont l'infinitif est en EVOIR, tels que *concevoir*, *apercevoir*, *recevoir*, etc.

Conjuguez aussi sur *devoir*,

1°. *Voir*, PART.-PRÉS. : *voyant* ; PARTICIPE-PASSÉ : *vu* ; INDICATIF-PRÉSENT : *Je vois*, etc. *nous voyons*, *vous voyez*, *ils voient* ; IMPARFAIT : *Je voyais.... nous voyions*, *vous voyiez*, *ils voyaient* ; PASSÉ-DÉFINI : *Je vis* ; PRÉSENT DU SUBJONCTIF : *Que je voie.... que nous voyions*, *que vous voyiez*, *qu'ils voient*. Le futur est : *Je verrai*.

Conjuguez *revoir* et *entrevoir* comme *voir*.

Prévoir fait au futur : *je prévoirai* ; le reste comme *voir*.

Pourvoir fait au futur *je pourvoirai* ; au passé-défini : *Je pourvus*.

---

(1) *Quérir* ne s'emploie qu'à l'infinitif. Les autres composés de *quérir*, CONQUÉRIR, ACQUÉRIR, etc. se conjuguent comme *acquérir*. (Voyez *acquérir*, page 40 et 41.)

(2) Nous *fuîmes*, vous *fuîtes*, et que je *fuisse*, que tu *fuisses*, etc. sont peu usités ; dites : Nous *prîmes*, vous *prîtes* la fuite. Il fallut que je *prisse* la fuite.

(3) *Mourir* prend *être* aux temps composés. (*Voyez* la page 55.)

Les temps primitifs des autres verbes en OIR sont :

Choir.	. . . . . .	Chu.	. . . . . .	. . . . . .
Déchoir } (1).	Déchoyant (*inusité*).	Déchu, ue.	Je déchois.	Je déchus.
Echoir }	Echéant.	Echu, ue.	Il échet.	J'échus.
Falloir.	Fallant (*hors d'usage*).	Fallu.	Il faut.	Il fallut.
Mouvoir.	Mouvant.	Mu.	Je meus.	Je mus.
Pleuvoir.	Pleuvant.	Plu.	Il pleut.	Il plut.
Pouvoir.	Pouvant.	Pu.	Je peux (*ou* je puis).	Je pus.
Savoir.	Sachant.	Su, sue.	Je sais.	Je sus.
S'asseoir.	S'asseyant.	Assis, ise.	Je m'assieds.	Je m'assis (2).
Surseoir.	. . . . . .	Sursis.	Je surseois.	Je sursis.
Valoir.	Valant.	Valu, ue.	Je vaux.	Je valus.
Vouloir.	Voulant.	Voulu, ue.	Je veux.	Je voulus.

Les seuls verbes qui se terminent en OIRE à l'infinitif sont *boire*, *croire*, et leurs composés *accroire*, etc. Tous les autres sont en OIR.

Conjuguez comme *plaire*,

1°. Tous les composés de *plaire*, tels que *déplaire*, *complaire*, etc. et le verbe *taire*.

2°. *Faire* et ses composés ; PASSÉ-DÉFINI : *Je fis*. FUTUR : *Je ferai ;* PRÉSENT DU SUBJONCTIF : *Que je fasse ;* PARTICIPE-PASSÉ : *Fait*. PRÉSENT DE L'INDICATIF : *Je fais.... vous faites*, *ils font*.

3°. *Traire*, et ses composés *distraire*, *soustraire*, etc. PART.-PRÉS. : *Trayant ;* PARTICIPE-PASSÉ : *Trait ;* point de passé-défini.

4°. *Lire*, et ses composés *élire*, *relire*, etc. PRÉSENT DE L'INDICATIF : *Je lis ;* PASSÉ-DÉFINI : *Je lus*.

5°. *Boire*. PART.-PRÉSENT : *Buvant ;* INDICATIF-PRÉSENT : *Je bois.... nous* buvons.... *ils boivent*.

Croire et ses composés se conjuguent au présent, à l'imparfait de l'indicatif et au présent du subjonctif comme *voir*, page 45 ; PASSÉ-DÉFINI : *Je crus*.

Braire n'est usité qu'à l'infinitif, et dans les temps suivants : *Il brait ; il braira*, *ils brairont*.

Conjuguez enfin sur *plaire* tous les verbes en AITRE et OITRE, tels que *connaître*, *paraître*, *croître*, et leurs composés *méconnaître*, *disparaître*, *comparaître*, *accroître*, etc.

PRÉSENT DE L'INDICATIF :	Je connais, je parais ; je croîs.... il croît....
PARTICIPE-PRÉSENT :	Connaissant, paraissant ; croissant.

---

(1) *Déchoir* et *échoir* se construisent, dans leurs temps composés avec *être*. (*Voyez* le verbe *tomber*, page 54.) On dit donc : *Cette ville* EST *déchue de sa grandeur*. *Ces billets* SONT *échus*. L'imparfait de *déchoir*, JE DÉCHOYAIS, est peu usité. FUTUR : *Je décherrai*. *Echoir* fait au futur : *J'écherrai*.

(2)

INDICATIF-PRÉSENT :	Je m'*assieds*,	tu *ssieds*,	il *ssied*,	nous nous *asseyons*,	vous vous *sseyez*,	*sseient*.
IMPARFAIT :	Je m'*asseyais*,	*sseyais*,	*sseyait*,	nous nous *asseyions*,	vous vous *sseyiez*,	*sseyaient*.
PASSÉ-DÉFINI :	Je m'*assis*,	*ssis*,	*ssit*,	nous nous *assîmes*,	*ssîtes*,	*ssirent*.
FUTUR :	Je m'*assiérai*,	*ssiéras*,	*ssiéra*, etc. etc.			
CONDIT.-PRÉSENT :	Je m'*assiérais*,	*ssiérais*,	*ssiérait*, etc. etc.			
IMPÉRATIF :		*Assieds toi*,	*asseyons nous*,	*asseyez vous*.		
SUBJONCT.-PRÉSENT :	Que je m'*asseie*,	*sseies*,	*sseie*, que nous nous *asseyions*,		*sseyiez*,	*sseient*.
IMPARFAIT :	Que je m'*assisse*,	*ssisses*,	*ssît*, que nous nous *assissions*, etc. etc.			

Seoir ne s'emploie guère qu'à la troisième personne du singulier et à celle du pluriel : *Il sied*, *ils siéent*. *Cet habit vous* SIED. *Il siéra*, *il siérait*, *ils siéront*, *ils siéraient*. Le participe-présent est *séant*. On dit à l'imparfait de l'indicatif qui est peu usité : *Il séiait*, *ils séiaient* ; au subjonctif-présent : *qu'il siée*, *qu'ils siéent*. Le reste manque.

Paître n'a pas de passé-défini, non plus que *repaître*. Le participe-passé de *repaître* est *repu*. Du reste, il se conjugue comme *paraître*.

Naître fait au passé-défini : *Je naquis ;* au participe-passé : *Né*, *née*. Il en est de même de *renaître*, qui est peu usité, excepté à l'infinitif.

Conjuguez comme *réduire*,

1°. Tous les verbes en DUIRE et en TRUIRE, tels que *séduire*, *conduire ; instruire*, *construire*, etc. Ajoutez y *cuire* et *recuire*.

Conjuguez sur *réduire* les verbes en CRIRE, tels que *écrire*, *décrire*, *inscrire*, *prescrire*, etc. et dont les temps primitifs suivent :

Écrire. Écrivant. Ecrit, ite. J'écris. J'écrivis

Conjuguez aussi sur *réduire* les verbes suivants et leurs composés dont les temps primitifs suivent :

Circoncire.	. . . . .	Circoncis.	Je circoncis.	Je circoncis.
Confire.	. . . . .	Confit, ite.	Je confis.	Je confis.
Dire.	Disant.	Dit, ite.	Je dis.	Je dis.
Luire.	Luisant.	Lui.	Je luis.	. . . . .
Nuire.	Nuisant.	Nui.	Je nuis.	Je nuisis.
Rire.	Riant.	Ri.	Je ris.	Je ris.
Rompre.	Rompant.	Rompu, ue.	Je romps.	Je rompis.
Suffire.	Suffisant.	Suffi.	Je suffis.	Je suffis.
Suivre.	Suivant.	Suivi, ie.	Je suis.	Je suivis.
Vivre.	Vivant.	Vécu, ue.	Je vis.	Je vécus.
Conclure.	Concluant.	Conclu, ue.	Je conclus.	Je conclus.

Bruire. Les seuls temps usités sont : *Bruyant* ; *il bruyait*, *ils bruyaient*.

Clore. *Je clos*, *tu clos*, *il clôt*, *ils closent*. *Je clorai*, etc. *Je clorais*, etc. PARTICIPE-PASSÉ : *Clos*, *close*. De même *éclore* ; il prend *être* (p. 54).

Conjuguez comme *craINDRE*, *joINdre*, *contraINdre*, *plaINdre*, *aveINdre*, *feINdre*, *peINdre*, *restreINdre*, *teINdre*, etc. et généralement tous les verbes dont l'infinitif est en INDRE.

Il est bon de se rappeler qu'on supprime le D au singulier de l'indicatif-présent des verbes en INDRE, et qu'on le conserve dans les verbes qui se conjuguent comme *vendre*.

Conjuguez comme *vendre*,

1°. *Vendre*, *pendre*, *rendre*, *tendre*, *fondre*, *pondre*, *tondre*, *perdre*, *mordre*, *tordre*, etc. et leurs composés *défendre*, *dépendre*, *suspendre*, *attendre*, *répondre*, etc. et généralement tous les verbes en DRE où cette terminaison n'est pas précédée de IN, comme *peINdre*.

2°. *Prendre*, et ses composés *apprendre*, *comprendre*, etc. (PART.-PRÉS. : *Prenant ;* PASSÉ-DÉFINI : *Je* PRIS) doublent le N à la troisième personne du pluriel de l'indicatif-présent.

Je *prends*, tu *prends*, il *prend*.... nous *prenons*.... ils *preNNent*.... que je *preNNe*.

Le participe-passé est PRIS.

3°. *Vaincre* et *convaincre* qui se conjugent exactement comme *vendre*. Les temps primitifs sont : *Vaincre*, *vainquant*, *vaincu*, *je vaincs.... il vainc* (1), *je vainquis*.

Il faut seulement changer le C en QU avant *a*, *e*, *i*, *o*, *u*.

---

(1) Il n'y a que ces deux seuls verbes qui prennent un C à la troisième personne du singulier de l'indicatif-présent ; ce qui ne détruit pas cette règle générale que, dans la seconde conjugaison, la troisième personne du singulier est toujours terminée par un T. (On sait que le D équivaut au T dans les verbes en DRE, la terminaison en INDRE exceptée.)

4°. *Coudre* et ses composés; PART-PRÉSENT : *Cousant;* PASSÉ-DÉFINI : *Je cousis, tu cousis*, etc., et conséquemment à l'imparfait du subjonctif: *Il fallait que je cousisse.* PART.-PASSÉ : *Cousu.* (*Je couserai* pour *je* COUDRAI est un barbarisme.)

5°. *Moudre* et ses composés; PART.-PRÉSENT : *Moulant;* PASSÉ-DÉFINI : *Je moulus.*

6°. *Absoudre* et *dissoudre.* INDIC.-PRÉSENT : *J'absous, je dissous* sans D, *il absout, il dissout.* PART.-PRÉSENT : *Absolvant; dissolvant.* Pas de passé-défini. Le participe-passé est irrégulier : *Absous* et *dissous* font *absoute*, *dissoute.*

Résoudre fait aussi *je résous* sans D. PART.-PRÉSENT : *Résolvant;* PART.-PASSÉ : *Résolu.* PASSÉ-DÉFINI : *Je résolus.*

7°. *Mettre*, et ses composés *admettre*, *commettre*, *démettre*, *omettre*, *compromettre*, *soumettre*, etc. etc. PARTIC.-PRÉSENT : *Mettant;* PARTIC.-PASSÉ : *MIS;* PASSÉ-DÉFINI : *Je mis;* PRÉSENT DE L'INDICATIF : *Je mets*, *tu mets*, *il met*, etc.

8°. *Battre*, et ses composés *débattre*, *combattre*, *abattre*, etc. PART.-PRÉS. : *Battant;* PASSÉ-DÉFINI : *Je battis;* PART.-PASSÉ : *Battu;* INDICATIF-PRÉSENT : *Je bats*, *tu bats*, *il bat*, etc.

DU SUJET DES VERBES.

Le sujet d'un verbe est *ce qui est* ou *ce qui fait l'action* marquée par le verbe.

On trouve le sujet d'un verbe, en mettant *qui est-ce qui* avant ce verbe. La réponse à cette question amène et indique le sujet. Pour trouver, par exemple, le sujet de cette phrase :

Pierre est aimable,

je ferai cette interrogation :

Qui est-ce qui est aimable ? RÉPONSE : *Pierre.*

Pierre est le *sujet* du verbe *être.*

Mon frère chante.

Qui est-ce qui chante ? RÉP. : *Mon frère.*

Mon frère est le *sujet* du verbe *chanter.*

Je chante. — Nous chantons.

Qui est-ce qui chante ? Dans le premier cas, c'est *je* (mis pour *moi*); dans le second cas, c'est *nous.*

On chante.

Qui est-ce qui chante? RÉP. : *On*, nom indéfini ou vague qui est toujours du singulier et qui est de la troisième personne. *On* est le *sujet* du verbe *chanter.*

ACCORD DU VERBE AVEC SON SUJET.

PREMIÈRE RÈGLE. Tout verbe doit être du même nombre et de la même personne que son sujet. Quand je dis :

Tu chantes,

chantes est au nombre singulier, et a pour finale un S, lettre caractéristique de la *seconde* personne du singulier, parce que son sujet *tu* est du singulier et marque une seconde personne.

Quand je dis :

Mesdemoiselles, *vous chantez* très agréablement,

chantez est au nombre pluriel et à la seconde personne, parce que *vous*, adressé à plus d'un individu, marque une seconde personne plurielle, ordinairement terminée par Z.

DEUXIÈME RÈGLE. Quand le verbe a deux ou plusieurs sujets singuliers de la *troisième* personne, on met ce verbe à la troisième personne plurielle, terminée, comme on sait, par NT.

(Les deux sujets sont ordinairement joints par *et* ou par *ni.*)

EXEMPLES:

Mon frère *et* ma sœur { *chantent.* / *chantaient.* / *chantèrent.* / *chanteront.* / *chanteraient.* / *auraient chanté*, etc. }

La haîne et *l'intérêt* meurent *dans le tombeau.* (CHATEAUBRUN.)
La défiance *et* la crainte ne *voient* jamais la vérité. (SHAKESPEAR.)
Ni mon frère *ni* ma sœur ne *chantent.*
Ni *l'or* ni *la grandeur ne nous* rendent *heureux.* (LA FONTAINE.) (1)

TROISIEME RÈGLE. Si le verbe a deux ou plusieurs sujets de diverse personne, on met, dans ce cas, le verbe à la personne qui a *priorité*, c'est-à-dire supériorité de rang dans la phrase. La première personne l'emporte sur la seconde, la seconde l'emporte sur la troisième.

EXEMPLES:

Vous et *moi* NOUS CHANTONS.	Ni vous ni *moi* NOUS ne CHANTONS.
Vous et lui VOUS CHANTEZ.	Ni *vous* ni lui VOUS ne CHANTEZ.
Vous, lui et *moi* NOUS CHANTONS.	Ni vous, ni lui, ni *moi* NOUS ne CHANTONS.

On dit aussi par abréviation: *Vous et* MOI CHANTONS; *ni vous ni* MOI *ne* CHANTONS, etc.

REMARQUE IMPORTANTE. Il est bon de se souvenir que celui qui parle doit toujours se nommer le dernier.

Vous et *moi* nous chantons.
Vous, lui et *moi* } nous chantons.
Lui, elle et *moi* }

QUATRIÈME RÈGLE. Quand un verbe a pour sujet un nom-collectif-partitif suivi d'un nom *singulier* ou *pluriel*, ce verbe (et nécessairement l'adjectif ou le pronom) s'accorde avec ce *singulier* ou avec ce *pluriel.*

---

(1) Si les deux sujets de la troisième personne étaient cependant unis par le mot *ou*, il faudrait laisser le verbe à la troisième personne du singulier.

EXEMPLES:

Mon frère *ou* ma sœur *chante.* (Et non pas *chantent.*)
Sa perte ou *son salut* dépend *de sa réponse.* (Et non pas *dépendent.*)
(RACINE.)

La phrase suivante est vicieuse : *Non, Sire, la gloire des monuments que l'orgueil* ou *l'adulation* ONT *élevés, sera ou ensevelie dans l'oubli par le temps, ou effacée par la censure et les jugements plus equitables de la postérité.* (MASSILLON.) Il fallait : *que l'orgueil* ou *l'adulation* A *élevés.*

Quand les noms singuliers de la troisième personne ne sont point liés par ET, on peut laisser le verbe au singulier, sur-tout si ces mots ont à peu près le même sens. (*Voyez* la page 21.)

EXEMPLE:

La coutume, la loi plia *mes premiers ans*
A la religion des heureux musulmans. (VOLTAIRE.)

On sait que ces noms partitifs sont *la plupart*, *une infinité*, *une foule*, *un nombre*, *la plus grande partie*, *la moitié*, *le tiers*, *une vingtaine*, *une sorte*, etc. etc. etc. auxquels on doit joindre les mots qui marquent la quantité (1), comme *peu*, *beaucoup*, *assez*, *moins*, *plus*, *trop*, *tant*, *combien*, *que* mis pour *combien*, etc. etc.

EXEMPLES:

Une foule de *monde était présent* à ce spectacle; *il*, etc.
Une foule de *personnes étaient présentes* à ce spectacle; *elles*, etc.
Le tiers des *vignes ont* coulé.
Jamais tant de beauté fut-*elle* couronnée! (RACINE.)
La plupart {*du monde fait* / *des hommes font*} cas du beau et {*méprise* / *méprisent*} l'utile.
Toute sorte de *fruits* ne *sont* pas également *bons* à manger.
Que d'*hommes ont* vécu trop d'un jour!

On dirait même :

Tout ce qu'il y a de *gens* sensibles *seront touchés* de vos malheurs.

NOTA. *La plupart*, employé seul, veut le verbe au pluriel : *La plupart* PENSENT, SONT *d'avis que*, etc.

DES VERBES ACTIFS ET DE LEUR COMPLÉMENT.

On donne le nom de *verbe actif* à un verbe dont l'action tombe sur un mot complémentaire, et après lequel on peut mettre *quelqu'un* ou *quelque chose*. Ainsi, *aimer* est un verbe actif, *chanter* est un verbe actif, parce qu'on peut dire : *aimer quelqu'un*, *chanter quelque chose*.

Dans cette phrase :

J'aime Sophie,

Sophie est ce qu'on appelle *complément*. On entend par complément le *mot complémentaire* de la pensée. Quand je dis : *J'aime*, ma pensée est vague, *incomplète ;* mais quand je dis : *J'aime Sophie*, ma pensée est *complétée* par ce mot *Sophie*, qui, pour cette raison, reçoit le nom de *complément*.

Ce complément, sur lequel tombe *directement* ou *sans intermédiaire* l'action du verbe, prend le nom de *complément-direct*.

L'interrogation *qui?* pour les personnes, et *quoi?* pour les choses, facilite la connaissance du *complément-direct*. Voulez-vous trouver le complément-direct de ces phrases :

J'aime Sophie.
Je chante une ariette (2).

Dites :

J'aime *qui?* RÉPONSE : *Sophie* (voilà le *complément-direct*).
Je chante *quoi?* RÉP. : *une ariette* (voilà le *complément-direct*).

---

(1) Ce sont des *adverbes*. (*Voyez* l'article ADVERBE, 1re. partie, chap. VI.)

On peut dire : *Il y a beaucoup de personnes qui s'expriment avec justesse ; il en est* peu qui pensent *avec profondeur*. (*En*, qui signifie *de celà*, est mis pour *de personnes ;* en un mot : *Il est peu de* personnes qui pensent, etc. etc.)

Je ne connais guère d'exceptions à la quatrième règle que les deux phrases suivantes :

L'infinité des perfections de Dieu m'*accable*. — La foule des voitures *arrêta* notre marche.

Gardons nous bien de censurer aussi ces vers de Racine :

D'adorateurs zélés à peine un petit nombre
Osa *des premiers temps nous retracer quelque ombre*.

(2) *Ariette* signifie *chanson*.

Par tout ce que j'ai dit sur le *sujet* et sur le *complément-direct*, on voit que rien n'est plus facile que de distinguer l'un de l'autre : *qui est-ce qui*, immédiatement placé *avant* le verbe, amène le *sujet*; et *qui?* ou *quoi?* immédiatement placé *après* le verbe, amène le *complément-direct*.

EXEMPLE:

La lecture orne l'esprit.

Qu'est-ce qui orne l'esprit? Réponse : *la lecture* (voilà le *sujet*).
La lecture orne *qui? quoi?* Rép. : *l'esprit* (voilà le *complément direct*).

Quand le complément-direct est un *pronom*, ce complément se place *avant* le verbe.

EXEMPLES:

Je ne vous *connais plus*.... *je* vous *connais encore*. (Corneille.)
Cet homme *m*'ennuie.

Outre le complément-direct, il y a certains verbes actifs qui ont encore un autre complément qu'on appelle *complément-indirect*; ce deuxième complément est ordinairement marqué par A ou DE, comme dans les phrases suivantes :

Montrer le dessin *à* un enfant. Donner tout son temps *au* plaisir. Préférer la science *aux* richesses. Accuser une personne *de* larcin. Délivrer son ami *du* danger.	On sait que *au* est pour *à le*, *aux* pour *à les*, *du* pour *de le*, *des* pour *de les*. (Voyez la page 14.)

A un enfant, *au plaisir*, *aux richesses*, *de larcin*, *du danger*, sont des *compléments-indirects*.

Ce deuxième complément prend le nom de *complément*-INDIRECT, parce qu'il ne complète le sens du verbe que d'une manière *indirecte*, c'est-à-dire à l'aide d'un *intermédiaire* qui est ordinairement *à* ou *de* exprimé ou sous-entendu.

L'interrogation *de qui* et *à qui* pour les personnes, et *de quoi* et *à quoi* pour les choses, facilite la connaissance du *complément-indirect*.

EXEMPLES:

Montrer le dessin *à un enfant*. Montrer le dessin *à qui?* Rép. : *à un enfant* (voilà le *complément-indirect*).
Donner son temps *au plaisir*. Donner son temps *à quoi?* Rép. : *au plaisir* (voilà le *complément-indirect*).
Préférer la science *aux richesses*. Préférer la science *à quoi?* Rép. : *aux richesses* (voilà le *complément-indirect*).

Remarque importante. Les pronoms personnels *nous* et *vous* peuvent être dans une même phrase *sujet*, *complement-direct* et *complément-indirect*.

Quand je dis :

Nous (1) ne pouvons que *nous* (2) féliciter de l'accueil qu'on *nous* (3) a fait.

le premier *nous* est *sujet*, le second est *complément-direct*, et le troisième, mis pour *à nous*, est *complément-indirect*.

Vous (1) *vous* (2) donnerez la peine de *vous* (3) reposer.

Le premier *vous* est *sujet*, le second, mis pour *à vous*, est *complément-indirect*, et le troisième est *complément-direct*.

Me et *te* peuvent être aussi dans une même phrase *complément-direct* et *complément-indirect.*

Près de vous tout me[1] *plaît, loin de vous tout* m'[2]*ennuie.* (Levizac.)

Le premier *me*, mis pour *à moi*, est un *complément-indirect ;* le second *m'* ou *me*, mis pour *moi*, est un *complément-direct.*

Ne puis-je t'[1]*attendrir,* te[2] *fléchir et* te[3] *plaire ?* (Narcisse.)

Les deux premiers *te*, mis pour *toi*, sont des *compléments-directs ;* le troisième *te*, mis pour *à toi*, est un *complément-indirect.*

(*Voyez* au surplus les *pronoms personnels*, page 23.)

CONJUGAISON DES VERBES PASSIFS.

Tout *verbe actif* (ou à *complément-direct*) peut devenir *passif* (1). Il suffit de prendre le *complément-direct du verbe actif* pour en faire le *sujet du verbe passif*, et de mettre *par* ou *de* après le verbe.

Pour tourner, par exemple, cette phrase par le passif :

La lecture orne *l'esprit.*

Je dirai :

L'esprit est orné *par* la lecture.

Au lieu de :

La peine suit *le crime.*

Je dirai :

Le crime est suivi *de* la peine.

Par *la lecture*, de *la peine*, sont des *compléments-indirects.*

On voit qu'un *verbe actif* exprime une *action faite par le sujet*, au lieu qu'un *verbe passif* exprime une *action reçue, soufferte par le sujet*, en un mot une *réaction sur le sujet.*

---

(1) Ou *réactif.*

Il n'y a qu'une seule conjugaison pour les verbes passifs ; elle se fait avec le verbe *être* et le participe-passé du verbe *actif* que l'on veut conjuguer.

INFINITIF-PRÉSENT.

Être rasé ou rasée.

PASSÉ.

Avoir été rasé ou rasée.

PARTICIPE-PRÉSENT.

Étant rasé ou rasée.

PASSÉ-COMPOSÉ.

Ayant été rasé ou rasée.

INDICATIF.

PRÉSENT.

Je suis rasé ou rasée
Tu *es* rasé ou rasée.
Il est rasé, ou elle est rasée.
Nous sommes rasés ou rasées.
Vous êtes rasés ou rasées.
Ils sont rasés ou elles sont rasées.

IMPARFAIT ou PASSÉ-RELATIF.

J'étais rasé ou rasée.
(*Voyez* le verbe ÊTRE, page 32.)

PASSÉ-DÉFINI.

Je *fus* rasé ou rasée, etc.

PASSÉ-INDÉFINI.

J'*ai été* rasé ou rasée.

PLUSQUEPARFAIT.

J'*avais été* rasé ou rasée.

PASSÉ-ANTÉRIEUR.

J'*eus été* rasé ou rasée.

FUTUR.

Je *serai* rasé ou rasée.

FUTUR-PASSÉ.

J'*aurai été* rasé ou rasée.

CONDITIONNEL-PRÉSENT.

Je *serais* rasé ou rasée.

CONDITIONNEL-PASSÉ.

J'*aurais été* rasé ou rasée.

IMPÉRATIF.

PRÉSENT ou FUTUR.

Sois rasé ou rasée.
Soyons rasés ou rasées.
Soyez rasés ou rasées.

SUBJONCTIF.

PRÉSENT ou FUTUR.

Que je *sois* rasé ou rasée.

IMPARFAIT.

Que je *fusse* rasé ou rasée.

PASSÉ.

Que j'*aie été* rasé ou rasée.

PLUSQUEPARFAIT.

Que j'*eusse été* rasé ou rasée.

Ainsi se conjuguent *être fini*, *être tenu*, *être dû*, *être réduit*, *être craint*, *être chéri*, *être vendu*, *etre mis*, *être pris*, etc. etc. etc.

DU COMPLÉMENT DES VERBES PASSIFS.

J'ai déjà dit que les verbes passifs n'ont qu'un *complément-indirect*, ordinairement marqué par *de* ou *par*.

EXEMPLES:

Vous êtes chéri *de* vos parents.
J'ai été rasé *par* un barbier très habile.
L'esprit est orné *par* la lecture.

Quelquefois le verbe passif s'emploie *sans complément-indirect*.

EXEMPLE:

La ville de Rome *fut* plusieurs fois *saccagée*.

8

DES VERBES NEUTRES (1).

Les verbes *neutres* sont des verbes *sans complément-direct*, et après lesquels on ne peut pas mettre dès-lors *quelqu'un* ou *quelque chose*. *Parler*, *dormir*, *plaire*, etc. sont des verbes neutres, parce qu'on ne peut pas dire : *parler quelqu'un*, *dormir quelque chose*, *plaire quelqu'un*. (*Neutre* signifie *ni actif ni passif*, en un mot, *ni l'un ni l'autre*.)

Les verbes neutres ont quelquefois un *complément-indirect*, comme dans les phrases suivantes :

Parler *à* quelqu'un.
Parler *de* quelqu'un.
Plaire *à* quelqu'un.
Jouir *d*'une bonne santé.

Les verbes neutres se conjuguent dans leurs *temps simples* comme les *verbes actifs ;* dans les *temps composés*, ils se construisent également avec *avoir*, et l'on dit : AVOIR *parlé*, AYANT *parlé*, *j'*AI *parlé*, *j'*AVAIS *parlé*, *j'*EUS *parlé*, *j'*AURAI *parlé*, etc. etc.

Quelques-uns cependant se construisent *dans leurs temps composés* avec le verbe *être*. Pour mieux faire sentir cette différence, je placerai ici en regard le double tableau des temps composés d'un verbe qui se combine avec *avoir*, et d'un verbe qui se combine avec *être*.

	TEMPS COMPOSÉS construits avec AVOIR.	TEMPS COMPOSÉS construits avec ÊTRE.
INFINITIF-PASSÉ :	*Avoir* rasé, ou dormi, ou parlé, ou plu, etc.	*Être* tombé ou tombée ; tombés ou tombées.
PASSÉ-COMPOSÉ :	*Ayant* rasé, etc.	*Étant* tombé ou tombée ; tombés ou tombées.
PASSÉ-INDÉFINI :	J'*ai* rasé.	Je *suis* tombé ou tombée, tu *es* tombé ou tombée...., nous *sommes* tombés, etc.
PLUSQUEPARFAIT :	J'*avais* rasé.	J'*étais* tombé ou tombée, etc. nous *étions* tombés ou tombées, etc.
PASSÉ-ANTÉRIEUR :	J'*eus* rasé.	Je *fus* tombé ou tombée, etc. nous *fûmes* tombés ou tombées, etc.
FUTUR-PASSÉ :	J'*aurai* rasé.	Je *serai* tombé ou tombée, etc.
CONDIT.-PASSÉ :	J'*aurais* rasé.	Je *serais* tombé ou tombée, etc.
PASSÉ DU SUBJ. :	Que j'*aie* rasé.	Que je *sois* tombé ou tombée, etc.
PLUSQUEPARF. DU SUBJ. :	Que j'*eusse* rasé.	Que je *fusse* tombé ou tombée, etc.

Avec un peu d'attention, on saisira sur le champ la différence qui règne entre les temps composés des verbes construits avec *avoir*, et les temps composés des verbes construits avec *être*. Il suffit de changer

à l'infinitif-passé	au passé-composé	au passé-indéfini	au plusqueparfait	au passé-antérieur	au futur-passé	au condit.-passé	au passé du subj.	au plusqueparfait
AVOIR	AYANT	J'AI	J'AVAIS	J'EUS	J'AURAI	J'AURAIS	Que j'AIE	Que J'EUSSE
en	en	en	en	en	en	en	en	en
ÊTRE ;	ÉTANT ;	Je SUIS ;	J'ÉTAIS ;	Je FUS ;	Je SERAI ;	Je SERAIS ;	Que je SOIS ;	Que je FUSSE.

(1) Les Grammairiens modernes divisent les verbes neutres en deux classes.

Ils appellent *verbes intransitifs* les verbes neutres dont l'action *ne passe* à aucun complément, comme *bâiller* (ouvrir la bouche), *languir*, etc. Cette dénomination de verbe *intransitif* vient du mot *transit* qui signifie *passage*.

Ils appellent *verbes-obliques* ou *indirects* les verbes neutres qui ont un *complément-indirect*, comme *parler à* quelqu'un, *sortir de* prison, etc.

Conjuguez comme les temps composés de *tomber* les temps composés des verbes suivants : *Aller*, *accourir*, *arriver*, *entrer*, *rentrer*, *partir*, *sortir*, *repartir* et *ressortir* (partir et sortir *de nouveau*), *naître*, *mourir*, *décéder*, *venir*, *devenir*, *intervenir*, *provenir*, *revenir*, *survenir*, *convenir* (signifiant *avouer* ou *tomber d'accord*), *choir*, *échoir*, *déchoir*, *croître* et *décroître*, *éclore* et *déborder*.

Au lieu de :	Dites :	EXEMPLES :
Avoir,	*Être* :	Il peut *être* allé à la promenade. Ils devraient *être* arrivés, sortis, partis, rentrés. Il pourait *être* tombé de la grêle dans les lieux circonvoisins.
Ayant,	*Étant* :	La pluie *étant* tombée hier pendant toute la journée, je ne suis pas sorti. Ma sœur *étant* accourue, etc. ma sœur *étant* venue nous voir, ou nous *étant* venus voir, je, etc.
J'*ai*,	Je *suis* (1) :	Je *suis* arrivé trop tard. Il *est* parti à sept heures du matin, et *est* rentré à cinq heures du soir. Ils *sont* sortis ensemble. Il *est* convenu du fait. Ils *sont* convenus de prix. Elle *est* survenue, etc.
J'*avais*,	J'*étais* :	Elle *était* tombée en faiblesse. Nous *étions* venus vous voir. Ils *étaient* alors décédés. Ils *étaient* déchus de leurs espérances. Il *était* reparti pour Rome à cette époque.
J'*eus*,	Je *fus* :	Dès que je *fus* revenu, j'allai chez lui. Aussitôt que tu *fus* sorti, parti, il arriva.
J'*aurai*,	Je *serai* :	Je *serai* arrivé encore à temps. Il *sera* parti. Ils *seront* peut-être sortis. Ils *seront* peut-être tombés au sort. Quand elle nous *sera* venue voir, j'irai chez elle.
J'*aurais*,	Je *serais* : (2)	Je *serais* allé promener hier, si le temps l'avait permis. Ils *seraient* tombés, si, etc.
Que j'*aie*,	Que je *sois* :	Il faut qu'il *soit* tombé au sort. Je doute qu'ils *soient* sortis. Je ne crois pas qu'elle *soit* devenue riche.
Que j'*eusse*,	Que je *fusse* :	Il aurait fallu que je *fusse* parti hier. J'aurais voulu que vous *fussiez* venu hier de meilleure heure.

Dites aussi : « Ces billets *sont* échus. Les eaux *sont* crues. Sa puissance *est* décrue (*diminuée*). Les œufs *étaient*-ils éclos ? La rivière *est* débordée. » On peut dire : *Il* EST *chu* ; mais *il* EST *tombé* vaut mieux.

Accoucher, *accroître*, *baisser*, *retourner*, *monter* et *remonter*, *descendre* et *redescendre*, employés *sans complément-direct*, prennent *être* aux temps composés. EXEMPLES : « Madame Henry *est* accouchée d'un garçon. Ses richesses *sont* accrues. Les eaux *sont* baissées. Nous *sommes* retournés à Lyon. Il *était* déjà retourné à son poste. Ils *sont* montés à ma chambre, et en *sont* descendus. Le rouge lui *est* monté au visage. Il *est* monté au dessus de cette tour. Je *suis* monté hier à cheval.

Ces huit verbes, employés *avec un complément-direct*, prennent *avoir* aux temps composés. EXEMPLES : Un accoucheur ou une sage-femme dira : « J'*ai* accouché ce matin madame Henry. » On dira : « Il *a* accru ses richesses. Elle *a* baissé les yeux. Nous *avons* retourné les marrons dans le feu. Ils *ont* monté l'escalier et l'*ont* descendu avec peine. J'*ai* monté hier un bon cheval. Je n'*ai* pas remonté ma montre hier soir. »

---

(1) Le *passé-indéfini-antérieur* des verbes neutres construits avec *être*, est peu usité. Il se forme toujours par *j'ai été*, et s'emploie de la manière suivante :

Quand ou *dès que* j'AI ÉTÉ { *tombé*, *arrivé*, *rentré*, *parti*, etc. } il est venu, il a disparu.

(2) Au lieu du conditionnel-passé *je serais*, *tu serais*, *il serait*, etc. etc. plusieurs auteurs emploient un autre conditionnel-passé formé par *je fusse*, *tu fusses*, *il fût*, *nous fussions*, *vous fussiez*, *ils fussent*. Il vaut infiniment mieux se servir du conditionnel-passé formé par *je serais*, etc. etc. (*Voyez* la page 32, note 6 ; et la dernière note qui est à la fin de cette première partie.)

Cesser, employé *avec un complément-direct*, *avec un mot complémentaire quelconque*, prend *avoir*. EXEMPLES : « J'*ai* cessé mon travail. J'*ai* cessé de travailler. »

Hors de là, *cesser* prend plutôt *être* que *avoir* : « Ma fièvre *est* cessée. Nos travaux *sont* cessés. »

Entrer et *sortir*, qui se combinent avec *être*, ne prennent *avoir* que lorsqu'ils ont *un complément-direct*, ce qui n'a guère lieu que dans les phrases suivantes : « On *a* entré *le vin* dans la cave. On *a* sorti *le vin* de la cave. Nous *avons* sorti *votre frère* d'un mauvais pas, d'une mauvaise affaire. »

Demeurer et *rester* prennent *avoir*, quand ils signifient *rester pour un temps*. EXEMPLES : « Nous *avons* resté *trois mois* à la ville. Il *a* demeuré *pendant tout l'été* à la campagne. Ils *ont* demeuré *dix ans* dans ce pays-là. Tu *aurais* resté *trop de temps* loin de moi. Sa blessure *a* demeuré *long-temps* à se fermer.

Sa langue embarrassée
Dans sa bouche vingt fois a *demeuré glacée*. (Elle n'a demeuré glacée que *pour un temps*.)
(BOILEAU.)

Demeurer et *rester* prennent *être*, quand ils signifient *rester indéfiniment*, *sans aucune détermination de temps*. EXEMPLES : « La victoire nous *est* demeurée. Il ne *serait* rien resté à cet orphelin, si son oncle n'avait pas pris soin de ses affaires. Ils *sont* demeurés dans ce pays-là. Ils *sont* restés dans ce pays-là. Mille hommes *sont* restés sur le champ de bataille. Il m'*est* resté mille francs pour tout bien. »

Convenir signifiant *accommoder*, *être à la convenance*, prend *avoir* : « Ce domaine m'*aurait* convenu. »

Échapper prend *avoir*, 1°. quand il signifie *éviter*. EXEMPLE : « Il *a* échappé la mort, le danger. » 2°. Quand il signifie *n'être point aperçu* : « Cette faute *a* échappé à d'Olivet (c'est-à-dire, n'a pas été aperçue par d'Olivet). Le cerf *a* échappé à la sagacité de nos chiens (c'est-à-dire, n'a pas été aperçu par nos chiens pleins de sagacité). »

Hors de là, *échapper* prend *être*. (On peut presque toujours le tourner alors par *laisser aller*.) EXEMPLES : « Le voleur *est* échappé aux gendarmes (c'est-à-dire, les gendarmes ont *laissé aller* le voleur). Son nom m'*est* échappé (j'ai *laissé aller* son nom). La plume lui *est* échappée (il a *laissé aller* sa plume). Cette faute *est* échappée à Corneille (Corneille a *laissé aller*, a fait cette faute). »

Échapper et *passer*, pris impersonnellement (*voyez* la page 59), prennent *être* : « Il m'*est* échappé une étourderie. Il m'*est* échappé de dire ce mot. Il *est* passé un courrier par Strasbourg. »

Résulter prend *être* : « Il *est* résulté de là que, etc. Que de maux *sont* résultés de la superstition ! »

Sonner, suivi d'un *complément-direct* ou *indirect*, prend *avoir* : « On *a* sonné *la cloche*. Il *a* sonné *du cor*. » Dites aussi :

Partout au même instant la trompette a *sonné* (c'est-à-dire, *a rendu un son*).
(RACINE.)

Mais on dirait : « La messe *est* sonnée. Quatre heures *sont*-elles sonnées ? Ce sont, je crois, deux heures qui *sont* sonnées. »

Passer prend presque toujours *avoir* : « Il *a* passé *le Rhin*. Nos troupes *ont* passé *les Alpes* et *les Pyrénées*. »

L'usage veut qu'on dise aussi : Il *a* passé { à Rome. / chez moi. / comme un éclair. / en Hollande. / sous mes fenêtres. / par Lyon. / ici hier, etc. etc. }

Sa redoutable voix a *passé jusqu'à moi*. (RACINE.)

On en excepte seulement les locutions où *passé* termine la phrase. EXEMPLES : « La procession *est* passée. Nos beaux jours *sont* passés. Cette tapisserie *est* passée. »

On dit cependant : « Ce bill *a* passé (c'est-à-dire, *a été adopté*, *approuvé*). Ce mot *a* passé (*a été adopté*, *a reçu le sceau de l'usage.*) Ce mot *est passé* signifierait : est une expression *surannée*, qui *a vieilli* (1).

Contrevenir et *subvenir*, *paraître*, *apparaître*, *comparaître*, *disparaître*, *courir*, *expirer* (2) et *périr* prennent *avoir*. « Il *a* contrevenu à vos ordres. Ils *ont* subvenu à vos besoins. Mon père m'*a* apparu en songe. Les accusés *ont* comparu devant la cour de justice. Ils *ont* disparu. Elle *a* expiré entre mes bras. Que de malheureux *ont* péri sur les champs de bataille ! J'*ai* couru à son secours. » On dit seulement : « Cet avocat *est* très couru (*suivi*). Cette étoffe *est* très courue (c'est-à-dire *recherchée*). »

Plusieurs Grammairiens construisent indifféremment *comparaître* et *périr* soit avec *être*, soit avec *avoir*; il vaut mieux les combiner avec *avoir* exclusivement.

Remarquez, en passant, que le participe-passé des verbes construits avec *être*, s'accorde comme un *adjectif* avec le sujet : « *Ils* sont *sortis*, *tombés*, etc. *Elles* sont *tombées*, *sorties*, etc. » Au lieu que le participe-passé des verbes *neutres* construits avec *avoir* (et ils sont innombrables) est *invariable*, c'est-à-dire, sans genre et sans nombre (on le laisse alors comme s'il était au masculin-singulier) : « *Ils* ou *elles* ont DORMI. *Elles* avaient PARLÉ de vous. *Ils* avaient LANGUI. *Elles* ont SOUFFERT. *Elle* a TRIOMPHÉ de l'envie. »

DES VERBES RÉFLÉCHIS (3).

Les verbes *réfléchis* sont des verbes dont le complément (direct ou indirect) retombe, se *replie* sur le *sujet*. Quand je dis : « Je *me* flatte, » *me*, complément de flatter, est directement *replié* sur le sujet *je* (ou *moi*); c'est comme s'il y avait : « *moi* flatte *moi*. » Quand je dis : « Lisette *se* plaint, » *se* est directement *replié* sur Lisette; c'est comme s'il y avait : « *Lisette* plaint *soi*, *elle*, » en un mot « *Lisette* plaint *Lisette*. » Quand je dis : « Alexis *se* rend justice, » *se* est indirectement *replié* sur Alexis; c'est comme s'il y avait : « *Alexis* rend justice *à soi*, *à Alexis*. » Quand je dis : « Ils *s'*honorent, » *se* est directement *replié* sur le pronom-sujet *ils*; c'est comme s'il y avait : « *Ils* aiment *soi*, *eux*. »

Les verbes réfléchis empruntent comme *tomber*, *aux temps composés*, le verbe *être*. (*Voyez* la page 54.)

---

(1) Excepté quand *passer* a un complément-direct, on devrait le construire avec *être*; il vaudrait mieux dire : « Il *est* passé à Rome. Il *est* passé chez moi, etc. » Boileau a dit :

Savez-vous si leur sang
Est *passé jusqu'à vous de Lucrèce en Lucrèce ?*

mais l'usage paraît avoir triomphé, en ce point, de la raison ; cédons à l'usage.

(2) Il y a une faute dans ce vers :

Les Latins sont vaincus, Camille est expiré. (DELILLE, *Énéide*, liv. 10.)

Il faut : A *expiré*.

J'ai oublié de dire que quand *expirer* a pour sujet un nom de chose, il prend ordinairement *être*; exemple : *La trêve est* expirée. (D'OLIVET.)

(3) Wailly appelle les verbes réfléchis, *verbes pronominaux* ou *à double pronom*.

Ces verbes étant tous précédés de SE à l'infinitif-présent, comme SE *raser*, SE *flatter*, SE *tuer*, SE *plaindre*, SE *désunir*, SE *mouvoir*, etc. etc. etc. on les distingue dès-lors très facilement des autres.

INFINITIF.	*Présent :*	SE *raser*.	SE repen*tir*.	SE plaiNdre.	SE renDRE justice.
	Part.-présent :	Se *rasant*.	Se repent*ant*.	Se plaign*ant*.	Se rend*ant* justice.
	Part.-passé :	Rasé, rasée.	Repenti, repentie.	Plaint, plainte.	Rendu, rendue.
	PASSÉ :	S'ÊTRE rasé ou rasée.	S'ÊTRE repenti ou repentie.	S'ÊTRE plaint ou plainte.	S'ÊTRE rendu justice.
	PASSÉ-COMPOSÉ :	S'ÉTANT rasé ou rasée.	S'ÉTANT repenti ou tie.	S'ÉTANT plaint ou plainte.	S'ÉTANT rendu justice.
INDICATIF.	*Présent :*	*Je me* rase.	*Je me* repens.	*Je me* plainS.	*Je me* renDS justice.
		Tu te rases.	*Tu te* repens.	*Tu te* plainS.	*Tu te* renDS justice.
		Il ou *elle se* rase.	*Il se* repent.	*Il se* plainT.	*Il se* renD justice.
		Nous nous rasons.	*Nous nous* repentons.	*Nous nous* plaignons.	*Nous nous* rendons justice.
		Vous vous rasez.	*Vous vous* repentez.	*Vous vous* plaignez.	*Vous vous* rendez justice.
		Ils ou *elles se* rasent.	*Ils se* repentent.	*Ils se* plaignent.	*Ils se* rendent justice.
	Imparfait :	*Je me* rasais, *tu te* rasais, *il se* rasait, etc.	*Je me* repentais, *ais*, *ait*, etc.	*Je me* plaignais, etc. *nous nous* plaignions, etc.	*Je me* rendais, *ais*, *ait*, justice, (1)
	Passé-défini :	*Je me* rasai, *tu te* rasas, *il se* rasa, etc.	*Je me* repentis, etc.	*Je me* plaignis, etc.	*Je me* rendis justice.
	PASSÉ-INDÉFINI :	*Je me* SUIS rasé ou rasée, *tu t'*ES, etc.	*Je me* SUIS repenti ou tie, etc.	*Je me* SUIS plaint ou plainte, etc.	*Je me* SUIS rendu justice.
	PLUSQUEPARFAIT	*Je m'*ÉTAIS, *tu t'*ÉTAIS, etc. rasé ou sée, etc.	*Je m'*ÉTAIS repenti ou tie, etc.	*Je m'*ÉTAIS plaint ou plainte, etc.	*Je m'*ÉTAIS rendu justice.
	PASSÉ-ANTÉRIEUR :	*Je me* FUS, *tu te* FUS rasé ou sée, etc.	*Je me* FUS repenti ou tie, etc.	*Je me* FUS plaint ou plainte, etc.	*Je me* FUS rendu justice.
	Futur :	*Je me* raserai, *ras*, *ra*, etc.	*Je me* repentirai, *ras*, *ra*, etc.	*Je me* plaindrai, *ras*, *ra*, etc.	*Je me* rendrai justice.
	FUTUR-PASSÉ :	*Je me* SERAI, *tu te* SERAS rasé ou sée, etc.	*Je me* SERAI repenti ou tie, etc.	*Je me* SERAI plaint, plainte, etc.	*Je me* SERAI rendu justice.
	Condit.-présent :	*Je me* raserais, *rais*, *rait*, etc.	*Je me* repentirais, *rais*, *rait*, etc.	*Je me* plaindrais, *rais*, *rait*, etc.	*Je me* rendrais, *rais*, *rait*, justice.
	CONDIT.-PASSÉ :	*Je me* SERAIS rasé ou sée, etc.	*Je me* SERAIS repenti ou tie, etc.	*Je me* SERAIS plaint ou plainte, etc.	*Je me* SERAIS rendu justice.
IMPÉRATIF.	*Présent* ou *Futur :*	Rase *toi*.	Repens *toi*.	Plains *toi*.	RenDS *toi* justice.
		Rasons *nous*.	Repentons *nous*.	Plaignons *nous*.	Rendons *nous* justice.
		Rasez *vous*.	Repentez *vous*.	Plaignez *vous*.	Rendez *vous* justice.
SUBJONCTIF.	*Présent* ou *Futur :*	Que *je me* rase, *es*, *e*, etc.	Que *je me* repente, *es*, *e*, etc.	Que *je me* plaigne, *es*, *e*, etc. q. *n. n.* plaignions.	Que *je me* rende, *es*, *e*, justice.
	Imparfait :	Que *je me* rasasse, *asses*, *ât*, etc.	Que *je me* repentisse, *isses*, *ît*, etc.	Que *je me* plaignisse, *isses*, *ît*, etc.	Que *je me* rendisse, *isses*, *ît*, justice.
	PASSÉ :	Que *je me* SOIS, que *tu te* SOIS rasé ou sée, etc.	Que *je me* SOIS repenti, ou tie, etc.	Que *je me* SOIS plaint ou plainte, etc.	Que *je me* SOIS rendu justice.
	PLUSQUEPARFAIT	Que *je me* FUSSE rasé ou sée, etc.	Que *je me* FUSSE repenti, tie, etc.	Que *je me* FUSSE plaint ou plainte, etc.	Que *je me* FUSSE rendu justice.

REMARQUE. *Me*, *te*, *se*, *nous*, *vous*, sont presque toujours employés comme *complément-direct* des *verbes-réfléchis* (ou précédés de SE à l'infinitif-présent) ; ils peuvent quelquefois aussi être employés comme *complément-indirect*.

Quand je dis : « Je *me* rase ; tu *te* repens ; il *se* plaint ; elles *se* flattent, etc. » *me*, *te*, *se*, sont là *compléments-directs ;* mais quand je dis : « Je *me* fais un plaisir, tu *te* rends justice, il *s'*est donné la peine de venir chez moi, etc. » *me*, *te*, *se*, sont là *compléments-indirects ;* c'est comme s'il y avait : « Je fais un plaisir *à moi ;* tu rends justice *à toi ;* il a donné *à soi*, *à lui*, la peine de, etc. »

DES VERBES IMPERSONNELS.

On entend par *verbe-impersonnel* un verbe qui n'a d'autre personne que la *troisième* du singulier dans tous ses temps ; tels sont TONNER : *Il tonne*, *il tonnait*, *il tonna*, *il a tonné*, *il tonnera*, etc. etc. FALLOIR : *Il faut*, *il fallait*, *il fallut*, etc.

(1) Les verbes réfléchis se conjuguent, dans les temps simples, comme les verbes de la conjugaison à laquelle ils appartiennent ; on ajoute seulement : *Me*, *te*, *se*, *nous*, *vous* à chaque temps.

La conjugaison de ces verbes est du reste semblable à celle des autres.

INFINITIF.	*Présent*	Falloir.
	. . . .	. . . .
	Passé-composé	Ayant fallu.
INDICATIF.	*Présent*.	Il faut.
	Imparfait ou *Passé-relatif*.	Il fallait.
	Passé-défini	Il fallut.
	Passé-indéfini	Il a fallu.
	Plusqueparfait	Il avait fallu.
	Passé-antérieur	Il eut fallu.
	Futur	Il faudra.
	Futur-passé	Il aura fallu.
	Conditionnel-présent.	Il faudrait.
	Conditionnel-passé	Il aurait fallu.
IMPÉRATIF.	Ni temps simple ni temps composé.	
SUBJONCTIF.	*Présent* ou *Futur*.	Qu'il faille.
	Imparfait	Qu'il fallut.
	Passé	Qu'il ait fallu.
	Plusqueparfait	Qu'il eût fallu.

Les verbes impersonnels sont très aisés à distinguer des autres : toutes les fois qu'on ne peut substituer aucun *nom* au pronom IL, le verbe est *impersonnel.* Quand je dis par exemple : *Il pleut*, ce pronom IL, qu'aucun *nom* ne peut remplacer, marque un verbe *impersonnel.*

Il grèle, *il neige*, *il pleut*, etc. sont des verbes *impersonnels.*

Les verbes personnels, ou qui ont toutes leurs personnes, s'emploient quelquefois impersonnellement. Quand je dis :

Le dessin est un amusement honnête ; *il* convient aux jeunes-gens.

ce pronom IL, auquel je peux substituer le nom *dessin*, marque évidemment un verbe *personnel.*

Mais quand je dis :

Il convient que les jeunes-gens apprennent le dessin.

ce pronom IL, auquel on ne peut substituer aucun *nom*, marque, sinon un verbe personnel, du moins un verbe *employé impersonnellement.*

Agir, *y aller*, *arriver*, *être*, *s'en suivre*, *faire*, *paraître*, *sembler*, *plaire*, *suffire*, *valoir*, etc. (ajoutez y *y avoir*) s'emploient souvent impersonnellement.

EXEMPLES:

Il s'agit de la vie. *Il y va* de ma gloire. *Il arrive* souvent que, etc. *Il s'en suit* que j'ai raison. *Il est* bon de travailler. *Il fait* beau. *Il paraît*, *il semble* que, etc. *Il me plaît* de, etc. *Il suffit* que, etc. *Il vaut* mieux faire des ingrats que d'être ingrat. *Il y a* peu de personnes qui parlent correctement leur langue.

DU PARTICIPE.

Le *Participe* est ainsi appelé, parce qu'il *tient*, qu'il *participe* du *verbe* et de l'*adjectif*, comme *rasant*, *rasé*.

Il y a deux Participes : le *participe-présent* (ou *actif*) qui est toujours terminé en ANT, et le *participe-passé* (ou *passif*).

DU PARTICIPE-PRÉSENT.

Le participe-présent en ANT, comme *ras*ANT, *lis*ANT, *chant*ANT, *recev*ANT, *rend*ANT, etc. est *invariable*, c'est-à-dire, n'a ni masculin ni féminin, ni singulier ni pluriel, en un mot, ni *genre* ni *nombre*; il a presque toujours un *complément*.

EXEMPLES :

J'ai surpris { Alexis / Julie / Alexis et Julie } LISANT les lettres d'Abeilard à Héloïse (1).

Combien ne voit-on pas de personnes riches, COURANT en vain après le bonheur !

---

(1) Ne confondez pas l'adjectif-*verbal* ou qui vient des *verbes*, avec le participe-présent. Le participe-présent, qui marque *une action*, et qui a ordinairement *un complément*, *une suite quelconque*, peut toujours se tourner par *comme*, *parce que*, ou par *qui* et le *verbe* propre à rendre tout le sens de la phrase.

EXEMPLES :

PART.-PRÉS. INVARIABLES.

Ces fonds PROVENANT (c'est-à-dire, *comme ces fonds proviennent*) *de votre bien*, je ne puis en disposer.

L'assemblée électorale SÉANT *dans une salle trop étroite*, a demandé un autre local. (C'est-à-dire, *comme* l'assemblée *siégeait*, etc.)

Combien de pères, TREMBLANT (*parce qu'ils tremblent*) *de déplaire à leurs enfants*, sont faibles et se croient tendres !

Une personne OBLIGEANT { *tout le monde*, / *de bon cœur*, / *souvent*, / *quand elle le peut*, } réussit à se faire aimer. (C'est-à-dire, une personne *qui oblige*.)

Une femme MOURANT *avec fermeté* (c'est-à-dire, *qui meurt* avec fermeté), a l'âme grande.

Une personne AGISSANT *bien* (*qui agit bien*), est louable.

On dirait aussi : *Ils s'en allaient* CHANTANT, PLEURANT, COURANT, etc. c'est-à-dire, *en chantant*, *en pleurant*, etc.

ADJ.-VERB. VARIABLES :

Je ne puis disposer des fonds PROVENANTS (*qui sont provenants*) de votre bien.

L'assemblée électoral , *séante* à Paris, a nommé pour candidat au sénat conservateur, M. M***.

On s'attendrit à la vue d'une femme éplorée et *tremblante*.

On aime les personnes *obligeantes*.

Une personne MOURANTE (*qui est mourante*), doit appeler d'habiles médecins.

Une personne bien AGISSANTE (*qui est bien agissante*), a expédié sa besogne en un instant.

Qu'il est doux de se désaltérer dans une eau *courante* !

L'adjectif-verbal peut toujours se tourner par *qui* et le verbe *être*, c'est-à-dire, par *qui est*, *qui sont*, *qui était*, etc. ; il peut même être *précédé* d'un adverbe, tel que *bien*, *toujours*, etc. etc. etc. (*Voyez l'*ADVERBE, 1re. partie, chap. VI.) Si l'adverbe *suivait* le mot, ce mot serait un *participe-présent*. On dirait donc : *Une personne* toujours RIANTE ; et : *Une personne* RIANT toujours.

Il y a une faute dans le premier de ces deux vers de La Fontaine, sur *Philémon* et *Beaucis :*

> *Moitié secours des dieux, moitié peur,* se hâtantS,
> *Sur un mont assez proche enfin* ils *arrivèrent.*

(Il faut *se hâtant*, quoique ce participe-présent se rapporte au pronom-sujet-masculin-pluriel ILS.)

Le participe-présent peut être précédé de EN; exemple :

On devient plus vertueux, *en* fréquentant ceux qui le sont. (ARISTOTE.) (1)

DU PARTICIPE-PASSÉ.

Le *participe-passé*, tel que *chanté*, *honoré*, *placé*, *vu*, *lu*, *entendu*, *mis*, *pris*, *peint*, *craint*, *réduit*, *détruit*, etc. etc. est tantôt *variable*, tantôt *invariable*, c'est-à-dire, tantôt prend *le genre et le nombre du mot auquel il se rapporte*, et tantôt ne prend *ni genre ni nombre.*

PREMIÈRE RÈGLE. Tout participe-passé, employé soit *seul*, soit avec *être* (*étant*, *je suis*, *tu es*, etc. *j'étais*, etc. *j'ai été*, *j'avais été*, etc.), sans SE néanmoins à l'infinitif (2), est *variable*, c'est-à-dire, s'accorde comme un adjectif avec le nom auquel il se rapporte, ce nom fût-il même placé après le verbe.

EXEMPLES DU PREMIER CAS :

> *Trop souvent dans les camps un* soldat HONORÉ
> *Rampe à la cour des rois, et languit* IGNORÉ. (VOLTAIRE.)
> *Que de* remparts DÉTRUITS! *que de* villes FORCÉES!
> *Que de* moissons *de gloire en courant* AMASSÉES! (BOILEAU.)

PLACÉE presque au centre de l'Europe et AGRANDIE par ses conquêtes, *la France* est d'un grand poids dans la balance politique.

FAVORISÉS ou DISGRACIÉS de la fortune, *les hommes* doivent toujours pratiquer la vertu.

---

(1) Remarquez que tout participe-présent, précédé de EN, se rapporte grammaticalement au *sujet*.

Quand je dis :

J'ai vu votre frère, *en* allant à la campagne.

cette phrase signifie :

J'ai vu votre frère, *quand j'allais* à la campagne.

Mais si je disais :

J'ai vu votre frère *allant* à la campagne.

cette phrase signifierait :

J'ai vu votre frère *qui allait* à la campagne.

(2) On sait que SE, placé avant un infinitif, marque un *verbe-réfléchi :* SE *tuer*, S'*être tué*; SE *plaindre*, S'*être plaint*, etc. etc. etc.

EXEMPLES DU SECOND CAS:

Verbes-passifs, *et verbes-neutres construits avec* ÊTRE.

La gloire ne doit jamais *être* SÉPARÉE de la justice. (CICÉRON.)
L'invention de l'imprimerie *est* DUE à Guttemberg de Maïence, lequel vivait au milieu du quinzième siècle.
Le superflu *du riche au pauvre* est *toujours* DÛ. (ROSSET.)
Que d'*éloges* ne *sont* pas DUS à ceux qui protégent le mérite indigent!
Sophocle, *Démosthènes*, *Cicéron*, *Corneille*, *J. J. Rousseau*, *Montesquieu* et *Buffon étaient* PASSIONNÉS pour la vraie liberté.
Jamais tant de beauté fut-*elle* COURONNÉE? (RACINE.)
Le vide d'un jour perdu ne *sera* jamais REMPLI. (SÉNÈQUE.)
Tant de témérité sera *bientôt* PUNIE. (VOLTAIRE.)
Les jours *d'Éliacin* seraient-*ils* MENACÉS? (RACINE.)
La bataille de Marengo a *été* GAGNÉE par Napoléon Bonaparte; celle de Hohenlinden, par Victor Moreau.
Les lettres ont *été* (1) INVENTÉES pour peindre la parole et pour parler aux yeux.
Si *le sang* des hommes *avait* toujours *été* RESPECTÉ, l'histoire moderne serait vraiment intéressante.

Là, pour l'art des Didot, Annonai** voit paraître*
Les feuilles où CES VERS seront GRAVÉS *peut-être.* (DELILLE.)

* Imprimeur. ** Ville du dép. de l'Ardèche, laquelle est célèbre par les papeteries de MM. Johannot et Mongolfier.

Je doute que ses TALENTS *aient été* (2) dignement APPRÉCIÉS.
ILS *sont* TOMBÉS. ELLES *sont* SORTIES. *Sont*-ELLES REVENUES?
Quel jour *sont* PARTIES mes sœurs?

---

(1) Ne confondez pas les temps composés des *verbes-passifs* avec les temps composés des *verbes-actifs* ou *neutres*; les temps composés des verbes passifs sont toujours accompagnés de *été*.

	TEMPS COMPOSÉS DES VERBES ACTIFS OU NEUTRES.		TEMPS COMPOSÉS DES VERBES PASSIFS.	
INFINITIF-PASSÉ:	*Avoir*,	chanté, dormi, parlé, ri, etc.	Avoir *été*	chanté, pris, vendu, etc.
PASSÉ-COMPOSÉ:	*Ayant*,		Ayant *été*	
PASSÉ-INDÉFINI:	*J'ai*		J'ai *été*	
PLUSQUEPARFAIT:	*J'avais*,		J'avais *été*	
PASSÉ-ANTÉRIEUR:	*J'eus*		J'eus *été*	
FUTUR-PASSÉ:	*J'aurai*		J'aurai *été*	
CONDITIONNEL-PASSÉ:	*J'aurais*		J'aurais *été*	
PASSÉ DU SUBJONCTIF:	*Que j'aie*		Que j'aie *été*	
PLUSQUEPARFAIT DU SUBJ.:	*Que j'eusse*		Que j'eusse *été*	

Quant au petit nombre des verbes neutres qui prennent *être* aux temps composés, et quant aux verbes réfléchis, on sait que

	Avoir,	*ayant*,	*j'ai*,	*j'avais*,	*j'eus*,	*j'aurai*,	*j'aurais*,	*que j'aie*,	*que j'eusse*,
se changent en	ÊTRE	ÉTANT	JE SUIS	J'ÉTAIS	JE FUS	JE SERAI	JE SERAIS	QUE JE SOIS	QUE JE FUSSE
	ou	ou	ou	ou	ou	ou	ou	ou	ou
	S'ÊTRE,	S'ÉTANT;	JE ME SUIS;	JE M'ÉTAIS;	JE ME FUS,	JE ME SERAI;	JE ME SERAIS;	QUE JE ME SOIS;	QUE JE ME FUSSE.

(2) *Été*, et même *valu* et *coûté*, sont toujours invariables. EXEMPLES: « Elle a *été* (et non pas *étée*) indisposée. Ils ont *été* (et non pas *étés*) indisposés. Les éloges que la traduction de l'*Énéide* a *valu* (et non pas *valus*) à Delille, sont mérités. Mes manuscrits raturés, brouillés, mêlés, indéchiffrables, attestent la peine qu'ils m'ont *coûté* (et non pas *coûtée*). » (J. J. ROUSSEAU.)

Valoir et *coûter*, qui paraissent *actifs*, ne le sont réellement point; en effet, on ne dit pas: ÊTRE *valu*, ÊTRE *coûté*.

Je voudrais qu'ELLES *fussent* (1) ALLÉES vous remercier.
Mes lettres *étaient*-ELLES ARRIVÉES hier ?
Je doute que cette NOUVELLE *soit* PARVENUE à temps.

---

(1) Faites bien attention que *être*, *étant*, je *suis*, tu *es*, etc. je *fus*, je *serai*, je *serais*, que e *sois*, que je *fusse*, suivis du participe-passé d'un *verbe-actif*, marquent les temps simples d'un *verbe-passif*; au lieu que *être*, *étant*, je *suis*, etc. suivis du participe-passé d'un *verbe-neutre* qui prend *être*, tel que *tomber*, *aller*, *venir*, *entrer*, *sortir*, etc. ou d'un *verbe-réfléchi* quelconque, comme SE *raser*, S'*embellir*, SE *joindre*, etc. marquent toujours des *temps-composés*,

	VERBE-PASSIF.			VERBE-NEUTRE *construit avec* ÊTRE *et* VERBE-RÉFLÉCHI.	
TEMPS SIMPLES.	Être rasé ou rasée	Voilà un *infinitif-présent passif.*	TEMPS COMPOSÉS.	Être tombé ou tombée. . . . S'être rasé ou rasée	Voilà un *infinitif-passé.*
	Étant rasé ou rasée . . .	Voilà un *participe-prés. passif.*		Étant tombé ou bée. . . . . S'étant rasé ou sée.	Voilà un *passé-composé.*
	Je suis rasé ou sée	Voilà un *indicatif-prés. passif.*		Je suis tombé ou tombée. . . Je me suis rasé ou rasée . . .	Voilà un *passé-indéfini.*
	J'étais rasé ou sée	Voilà un *imparfait-passif.*		J'étais tombé ou bée . . . . Je m'étais rasé ou sée	Voilà un *plusqueparfait.*
	Je fus rasé ou sée	Voilà un *passé-défini-passif.*		Je fus tombé ou bée . . . . . Je me fus rasé ou sée	Voilà un *passé-antérieur.*
	Je serai rasé ou sée . . .	Voilà un *futur-passif.*		Je serai tombé ou bée . . . . Je me serai rasé ou sée . . .	Voilà un *futur-passé.*
	Je serais rasé ou sée . . .	Voilà un *condit.-présent-passif.*		Je serais tombé ou bée . . . Je me serais rasé ou sée. . .	Voilà un *conditionnel-passé.*
	Que je sois rasé ou sée. .	Voilà un *présent-passif du subj.*		Que je sois tombé ou bée . . Que je me sois rasé ou sée. .	Voilà un *passé du subjonctif.*
	Que je fusse rasé ou sée.	Voilà un *imparf.-passif du subj.*		Que je fusse tombé ou bée. . Que je me fusse rasé ou sée.	Voilà un *plusquep. du subj.*

DEUXIÈME RÈGLE. Quand on emploie le participe passé d'un verbe q
j'*avais*, j'*eus*, j'*aurai*, j'*aurais*, que j'*aie*, que j'*eusse*), il faut placer QUI? ou QUO
Si, dans la phrase, le mot (1) qu'amène cette interrogation est *avant* le parti
comme un adjectif.

Si, dans la phrase, le mot qu'amène l'interrogation est *après* le participe-passé, i
singulier.

PARTICIPES-PASSÉS VARIABLES.

1°. *L'ariette* que {j'AI / nous AVONS / ils ou qu'elles ONT} CHANTÉE, est assez jolie.

J'ai, nous avons, etc. chanté *qui? quoi?* RÉPONSE : *Une ariette*, *l'ariette*. Or, dans la p
énoncée ci-dessus, le mot *l'ariette* est *avant* le participe-passé; conséquemment il y a *accord* en
et en nombre, et il faut : CHANTÉE.

2°. {Combien / Que} de *victoires* le soldat français n'A-t-il pas REMPORTÉES!

Le soldat français a remporté (2) *qui? quoi? — Des victoires.* Or ce mot *victoire* qui est au pl
est, dans la phrase, *avant* le participe-passé; conséquemment, *accord* : REMPORTÉES.

3°. Vous deviez apprendre *les leçons* que vous AVAIENT DONNÉES vos maîtres (ou vos maîtres vous AVAIENT DONNÉES).

Vos maîtres vous avaient donné *qui? quoi? — Des leçons.* Or, dans la phrase, *des leçons* est
le participe-passé ; conséquemment, *accord* : DONNÉES.

4°. Sont-ce là *les accusés* qu'on A TROUVÉS innocents?

On a trouvé *qui? quoi? — Les accusés, des accusés innocents.* Or, dans la phrase, ce mot
accusés est *avant* le participe ; conséquemment, *accord* : TROUVÉS.

5°. Voilà *deux routes* que la pluie A RENDUES impraticables.

La pluie a rendu *qui? quoi? — Deux routes, ces deux routes impraticables.* Or, dans la phr
ce mot *deux routes* est *avant* le participe ; conséquemment, *accord* : RENDUES.

6°. Où est *la personne* que tu AS EMPÊCHÉE de tomber?

Tu as empêché *qui?* (ou *quoi?*) — *La personne, la personne de tomber.* Or, dans la phrase
mot *la personne* est *avant* le participe ; conséquemment, *accord*.

7°. *Les troupes* qu'on A CONTRAINTES à marcher....

On a contraint *qui? quoi? — Les troupes, des troupes à marcher.* Or, dans la phrase, ce mot
troupes est *avant* le participe ; conséquemment, *accord*.

---

(1) Souvenez vous bien que le mot qu'amène l'interrogation *qui?* (pour les personnes) et *quoi?* (p
1°. Qu'un *complément-direct* ou un *adjectif*;
2°. Un verbe employé à l'*infinitif*;
3°. A, DE ou QUE suivi d'un *verbe*.

(En aucun cas, ce ne peut être un *complément*-INDIRECT, marqué ordinairement par A ou

(2) On voit qu'il suffit, en interrogeant, d'énoncer le *temps composé* du verbe et son *sujet* :

nstruit dans ses temps composés avec AVOIR (ou *ayant*, j'*ai*, tu *as*, il ou elle *a*, etc.
:errogation, immédiatement *après* ce participe-passé.
ssé, il y a *accord* en genre et en nombre, c'est-à-dire le participe-passé est *variable*

pas d'accord, et le participe-passé reste *invariable*, comme s'il était au *masculin*-

PARTICIPES-PASSÉS INVARIABLES.

J'AI / Nous AVONS / Ils ou elles ONT — CHANTÉ *une ariette* assez jolie.

J'ai, nous avons, etc. chanté *qui? quoi?* RÉPONSE : *Une ariette*. Or, dans la phrase énoncée ci-dessus, ce mot *une ariette* est *après* le participe-passé ; conséquemment, *pas d'accord :* CHANTÉ.

Le soldat français A REMPORTÉ *beaucoup de victoires*.

. . . . *Qui? quoi? — Beaucoup de victoires*. Or ce mot *beaucoup de victoires* est, dans la phrase, *après* le participe-passé ; conséquemment, *pas d'accord :* REMPORTÉ.

Vos maîtres vous AVAIENT DONNÉ *des leçons*....

. . . . *Qui? quoi? — Des leçons*. Or, dans la phrase, ce mot *des leçons* est *après* le participe-passé ; conséquemment, *pas d'accord :* DONNÉ.

On A TROUVÉ *ces accusés* innocents.

. . . . *Qui? quoi? — Ces accusés, ces accusés innocents*. Or, dans la phrase, ce mot *ces accusés* est *après* le participe ; conséquemment, *pas d'accord :* TROUVÉ.

Mademoiselle votre sœur m'A PARU *jolie*.

. . . . *Qui? quoi? — Jolie*. Or, dans la phrase, ce mot *jolie* est *après* le participe ; conséquemment, *pas d'accord :* PARU.

La personne que tu AS FAIT *tomber*....

Tu as fait *qui? quoi? — Tomber, tomber la personne* (et non pas : *la personne tomber*). Or, dans la phrase, le mot *tomber* est *après* le participe ; conséquemment, *pas d'accord.*

Les difficultés que l'on A CHERCHÉ *à vaincre*, ne tarderont pas à s'applanir.

On n'a pas cherché *des difficultés*, mais on a cherché *à les vaincre*. Interrogeons : On a cherché *qui? quoi? — A vaincre, à vaincre des difficultés*. Or, *à vaincre* est *après* le participe ; conséquemment, *pas d'accord.*

---

choses), ne peut être :

vi d'un NOM.)

DAT français A REMPORTÉ *qui? quoi?*

PARTICIPES-PASSÉS VARIABLES.

8°. Connaissiez-vous *la fable* que je vous AVAIS DONNÉE à étudier?

Je vous avais donné *qui? quoi?* — *La fable, une fable à étudier*. Or, dans la phrase, le mot *la fable* est *avant* le participe; conséquemment, *accord*.

9°. *La résolution* que vous AVEZ PRISE de voyager pour votre instruction, est certainement très louable.

Vous avez pris *qui? quoi?* — *La résolution, la résolution de voyager*. Or, dans la phrase, ce mot *la résolution* est *avant* le participe; conséquemment, *accord*.

10°. *Les personnes* que nous AVONS CRUES, ne méritaient pas notre confiance.

Nous avons cru *qui?* — *Des personnes, des personnes qui ne méritaient pas notre confiance*. Or, dans la phrase, ce mot *des personnes* est *avant* le participe; conséquemment, *accord*.

11°. { *Les maux* qu'elles ONT EUS, / *Les peines* qu'ils ONT EUES, } sont incroyables.

Elles ou ils ont eu *qui? quoi?* — *Des maux, des peines*. Or, dans les deux cas, le mot est placé dans chaque phrase *avant* le participe; conséquemment, *accord*.

12°. *Les malheurs* que j'AVAIS PRÉVUS, se sont réalisés.

J'avais prévu *qui? quoi?* — *Les malheurs, des malheurs*. Or, dans la phrase, ce mot *les malheurs* est *avant* le participe; conséquemment, *accord*.

13°. *La dame* que nous AVONS ENTENDUE chanter, est très jolie.

Nous avons entendu *qui?* (ou *quoi?*) — *La dame, la dame chanter*, c'est-à-dire *qui chantait* (et non pas *chanter la dame*, car on ne la chantait pas). Or, dans la phrase, ce mot *la dame* est *avant* le participe; conséquemment, *accord*.

Dites :	de *Louis* :	Je L'AI VU.	J'ai vu *qui? quoi?* RÉPONSE :	L' ou LE, *lui*, *Louis*.
	de *Lisette* :	Je L'AI VUE.		L' ou LA, *elle*, *Lisette*.
	de *Pierre et de Louis* :	Je LES AI VUS.		LES pour *eux*, *Pierre et Louis*.
	de *Pierre et de Julie* :	Je LES AI VUS.		LES pour *eux*, *Pierre et Julie*.
	de *Julie et de Lisette*	Je LES AI VUES.		LES pour *elles*, *Julie et Lisette*
Dites :	à *Louis* :	Je T'AI AIMÉ ou je VOUS AI AIMÉ.	J'ai aimé *qui? quoi?* RÉP. :	T' TE, *toi* ou *vous* mis pour *Lou*
	à *Lisette* :	Je T'AI AIMÉE ou je VOUS AI AIMÉE.		T' TE, *toi* ou *vous* mis pour *Lis*
	à *Pierre* et à *Louis* :	Je VOUS AI AIMÉS.		VOUS mis pour *Pierre et Louis*
	à *Julie* et à *Lisette* :	Je VOUS AI AIMÉES.		VOUS mis pour *Julie et Lisette*.
Louis dira :	Cette raison M'A DÉTERMINÉ	à céder.	Ce motif a déterminé *qui?* R. :	M' ou ME pour *moi*, *Louis*.
Lisette dira :	Ce motif M'A DÉTERMINÉE			M' ou ME pour *moi*, *Lisette*.
Jules et Louis diront :	Cette raison NOUS A DÉTERMINÉS			NOUS mis pour *Jules et Louis*.
Lisette et Julie diront :	Ce motif NOUS A DÉTERMINÉES			NOUS mis pour *Lisette et Julie*.

Dans tous ces cas, les pronoms *le*, *la*, *les*, *me*, *te*, *nous*, *vous* (1) sont *avant* le participe-passé; conséquemment, *accord*.

(1) *Me*, *te*, *nous*, *vous* employés comme *compléments-directs*.

PARTICIPES-PASSÉS INVARIABLES.

L'ariette que j'AI COMMENCÉ *de transcrire*, est charmante.

Il ne s'agit pas ici *de l'ariette commencée*, mais *de la transcription*, *de la copie commencée* de ariette. Interrogeons : J'ai commencé *qui? quoi?* — *De transcrire*, *de transcrire une ariette charmante*. Or, ici, *de transcrire* est *après* le participe ; conséquemment, *pas d'accord*.

L'histoire que j'AI ENTREPRIS *de lire*, est très intéressante.

J'ai entrepris *qui? quoi?* — Ce n'est pas *l'histoire de lire*, mais *de lire*, *de lire une histoire intéressante*. Or, dans la phrase, ce mot *de lire* est *après* le participe ; conséquemment, *pas d'accord*.

°. Nous AVONS CRU / Nous AVONS IMAGINÉ } *que vous étiez malade.*

Nous avons cru *qui? quoi?* / Nous avons imaginé *qui? quoi?* } — *Que vous étiez malade*. Or, dans la phrase, *que vous étiez malade* est *après* le participe ; conséquemment, *pas d'accord*.

°. Ces enfants AURAIENT MÉRITÉ *d'être réprimandés.*

. . . . *Qui? quoi?* — *D'être réprimandés*. Or, dans la phrase, le mot est *après* le participe ; conséquemment, *pas d'accord*.

°. Vous êtes la victime des maux que j'AVAIS PRÉVU *que vous auriez.*

Remarquez qu'il s'agit moins ici du *mal prévu*, que de l'*existence future et prévue du mal*. Interrogeons : J'avais prévu *qui? quoi?* — *Que vous auriez*, *que vous auriez des maux*. Or, dans la phrase, *que vous auriez* est *après* le participe ; conséquemment, *pas d'accord*.

°. L'ariette que nous AVONS ENTENDU *chanter*, est charmante.

Nous avons entendu *qui? quoi?* — *Chanter*, *chanter une ariette*. Or, dans la phrase, *chanter* est *après* le participe ; conséquemment, *pas d'accord*.

(L'interrogation *qui? quoi?* ne peut amener : — *L'ariette chanter*, car une chanson ne chante pas.)

REMARQUE IMPORTANTE. Quand l'interrogation *qui?* ou *quoi?* n'amène aucun mot, qu'elle n'amène que l'invariable pronom EN signifiant DE CELA, ou l'invariable pronom LE signifiant CELA (1), le participe-passé reste *invariable*.

(En aucun cas, l'interrogation ne peut amener *le sujet* du temps composé, ni A ou E suivi d'un *nom*.)

---

(1) LE mis pour *celà* (et qu'il ne faut pas confondre avec le pronom variable *le*, *la*, *les*), LE, mis pour *celà*, représente ou *un adjectif masculin ou féminin*, *singulier ou pluriel*, ou *un verbe*, ou même *une portion de phrase*. (*Voyez* d'ailleurs l'invariable pronom LE, 2e. partie, chap. I.)

PARTICIPES-PASSÉS VARIABLES.

J'AI *tout* OUBLIÉ.

J'ai oublié *qui? quoi?* RÉP. : *Tout.* Or, dans la phrase, *tout* est *avant* le particip passé ; conséquemment, *accord.* (On sait que TOUT, *employé seul*, est un nom vag du masculin-singulier ; *voyez* la page 15.)

Je n'AI *rien* DIT.

J'ai dit *qui? quoi?* — *Rien.* Or, dans la phrase, *rien* est *avant* le participe-pass conséquemment, *accord.*

Ce que j'AI FAIT est bien.
Ce *qu'on* A *tant* AIMÉ, *l'on ne peut le haïr.* (CORNEILLE.)

J'ai fait *qui? quoi?* }
On a aimé *qui? quoi?* } RÉPONSE : *Ce*, signifiant *celà*, *cette chose.* Or, *ce*, nom indéfini ou vague du masculin-singulier, est, dans la phrase, *avant* le participe; conséquemment, *accord.*

*Qu'*ONT-ils FAIT ? — *Qu'*A-t-elle DIT ?

Ils ont fait }
Elle a dit } *qui? quoi?* RÉPONSE : *Que*, signifiant *quoi*, *quelle chose.* Or, *que*, q est ici un nom indéfini du masculin-singulier, est, dans la phrase, *avant* le participe conséquemment, *accord.* (*Voyez* la page 15.)

La preuve que ce QUE est du masculin-singulier, c'est qu'on doit dire :

QU'y a-t-il de GRAND pour celui qui a l'idée de l'infini? (CICÉRON.)

PARTICIPES-PASSÉS INVARIABLES.

Les blés ONT SOUFFERT.	*qui? quoi?*	Réponse : *Rien*; conséquemment, *pas d'accord*.
L'alouette A CHANTÉ dès le matin.	*qui? quoi?*	
La vertu même ici par ta bouche A PARLÉ (1). (GRESSET.) . .	*qui? quoi?*	
Elles ONT DORMI pendant toute la matinée. . .	*qui? quoi?*	
Mes soins ONT RÉUSSI.	*qui? quoi?*	
Mes sœurs ONT peu JOUÉ	*qui? quoi?*	
Les fureurs de mon père ONT *assez* ÉCLATÉ . (CRÉBILLON.) . .	*qui? quoi?*	
Par-tout avec succès nous AVONS COMBATTU . . .	*qui? quoi?*	
La valeur A SUPPLÉÉ au (A LE) nombre . . .	*qui? quoi?*	
Le mérite A TRIOMPHÉ de l'envie.	*qui? quoi?*	
Les ambassadeurs ONT TRAITÉ de la paix . . .	*qui? quoi?*	
Elles AVAIENT DÉSOBÉI à leur maître (2). . . .	*qui? quoi?*	

Il y avait plus de personnes dans cette assemblée que nous n'EN AVIONS COMPTÉ.

Nous avions compté *qui? quoi?* — *Des personnes* représentées ici par le pronom EN qui signifie *de celà;* en un mot, il y avait plus de personnes dans cette assemblée que nous n'avions compté, *en*, *de celà*. Or, le pronom EN, signifiant *de celà*, est invariable, laissez donc aussi le participe-passé INVARIABLE.

Ecrivez également :

Delille a plus composé de vers, que d'autres n'EN ONT LU (et non pas LUS).

Le rang suprême a plus corrompu d'âmes, qu'il n'EN A ÉLEVÉ (et non pas ÉLEVÉES).
(*Éloge de Marc-Aurèle*, par THOMAS.)

Il reste plus de fables à mettre en vers, que je n'EN AI MIS (et non pas MISES).
(LA FONTAINE.)

Il y a une faute dans ce vers de Voltaire :

Des pleurs! ah! ma faiblesse EN A *trop* RÉPANDUS. (Il faut RÉPANDU.)

(On sent bien qu'il faut dire néanmoins, en parlant d'une personne : « *La faveur* que j'en AI REÇUE, » parce que l'interrogation amène en réponse le mot *faveur*.)

J'agis comme vous me L'AVEZ ORDONNÉ.

Vous m'avez ordonné *qui? quoi?* — LE, signifiant CELA, c'est-à dire, j'agis comme vous m'avez ordonné *celà*, comme vous m'avez ordonné *d'agir*. Or, ce pronom LE, mis pour CELA, est invariable; le participe-passé doit donc rester aussi *invariable*.

J'irai chez vous, puisque je vous L'AI PROMIS.

Je vous ai promis *qui? quoi?* — LE mis pour *celà*, puisque je vous ai promis *celà*, c'est-à-dire, *d'aller chez vous*. Or, LE, mis pour *celà*, est invariable; laissez donc aussi le participe-passé *invariable*.

Votre maison n'est pas aussi commode que je L'AVAIS CRU.

J'avais cru *qui? quoi?* Il ne s'agit pas de la maison crue, car *on ne croit pas une maison, comme on croit une* PERSONNE; mais il s'agit de la commodité crue, présumée, de la maison, laquelle est vaguement représentée par le pronom L' ou LE; c'est comme s'il y avait : Votre maison n'est pas aussi commode que j'avais cru *celà*. Or, LE, mis pour *celà*, est invariable; laissez donc le participe *invariable*.

Ecrivez aussi :

La langue française et la langue italienne ne sont pas aussi difficiles que nous L'AVIONS CRU. (Que nous avions cru *celà*.)

---

(1) On sent bien qu'il faudrait dire et écrire :

Qui ne sait compâtir aux maux qu'il A SOUFFERTS! (VOLTAIRE.)

J'aime *l'ariette* qu'il ou qu'elle A CHANTÉE.

Florian savait très bien l'espagnol. Il lui était doux de parler *une langue* que sa mère AVAIT PARLÉE. (*Parler* ne s'emploie guère *activement* que dans cette acception.)

La partie que mes sœurs ONT JOUÉE, n'a pas été heureuse.

(2) Souvenez-vous d'ailleurs que *tout participe-passé d'un verbe neutre* (ou sans complément-direct) et qui prend *avoir* aux temps composés, est nécessairement *invariable*.

Le participe-passé des verbes-réfléchis (ou précédés de Se, à l'infinitif-présent), se plie également à l'interrogation *qui?* ou *quoi*?

(Il faut avoir seulement soin de substituer, en interrogeant, le verbe *avoir* (1) au

PARTICIPES-PASSÉS VARIABLES.

14°. { 1. Pierre S'EST trop LOUÉ.
2. Lisette S'EST trop LOUÉE.
3. Pierre et Louis SE SONT trop LOUÉS.
4. Lisette et Julie SE SONT trop LOUÉES. } (2)

Pierre A loué *qui?* (*quoi?*) RÉPONSE : S', SE, *soi*, *lui*. Or, dans la phrase, SE, mis pour Pierre, est *avant* le participe-passé ; conséquemment, *accord* en genre et en nombre : LOUÉ.

Dans le second cas, *se* est mis pour *elle*, *Lisette*.
Dans le troisième cas, *se* est mis pour *eux*, *Pierre et Louis*.
Dans le quatrième cas, *se* est mis pour *elles*, *Lisette et Julie*.
} Or, dans chaque phrase, *se* est *avant* le part. ; conséquemment, *accord* : { LOUÉE. LOUÉS. LOUÉES.

15°. Ces négociants SE SONT ASSOCIÉS pour le commerce.

Ces négociants ONT associé *qui?* (*quoi?*) — SE, *soi* mis pour *eux*, ces négociants. Or, dans la phrase, *se*, mis pour *eux*, est *avant* le participe ; conséquemment, *accord* : ASSOCIÉS.

16°. *Les livres* que je me SUIS PROCURÉS, m'instruisent. (*Me* est ici pour *à moi.*) (3)

J'AI procuré *qui? quoi?* — *Des livres*, *des livres* à moi. Or, dans la phrase, ce mot *des livres* est *avant* le participe ; conséquemment, *accord*.

17. Henriette S'EST PEINTE elle-même.

Henriette A peint *qui?* — S', SE, *soi*, *elle*, *Henriette*. Or, *se*, mis pour *elle*, *Henriette*, est, dans la phrase, *avant* le participe ; conséquemment, *accord*.

18°. Juliette S'EST FLATTÉE de bien danser au bal.

. . . . A flatté *qui?* (*quoi?*) — S', SE, *soi*, *elle*. Or, dans la phrase, *s'* ou *se*, mis pour *elle*, *Juliette*, est *avant* le participe ; conséquemment, *accord*.

19. *Les chimères* que ma fille S'EST MISES dans la tête, etc. etc.

Ma fille A mis *quoi* dans sa tête? — *Des chimères*. Or, dans la phrase, *des chimères* est *avant* le participe, conséquemment, *accord*. (*S'*, *se* est mis pour *à soi*, *à elles.*)

20°. *Les villes* que les premiers hommes se SONT BATIES, n'ont été qu'un amas de chaumières éparses çà et là.

Les premiers hommes ONT bâti *qui? quoi?* — *Les villes*, *des villes*. Or, dans la phrase, le mot *des villes* est *avant* le participe ; conséquemment, *accord*. (*Se* est pour *à soi*, *à eux.*)

---

(1) Il suffit de changer . . . .

Infinitif-passé :	*Passé-composé :*	*Passé-indéfini :*	*Passé-antérieur :*
S'ÊTRE	S'ÉTANT	JE ME SUIS	JE ME FUS
en	en	en	en
AVOIR ;	AYANT ;	J'AI ;	J'EUS ;

(2) Souvenez vous bien que *s'*, *se*, *soi* s'emploie tantôt pour { *lui* *elle* *eux* *elles* } complément-direct, tantôt

(3 *Me*, *te*, *nous*, *vous* sont aussi tantôt *complément-direct*, tantôt *complément-indirect.*

(4) Ne *vous êtes-vous* pas *donné*, etc. pour : « Quelle est la raison pour laquelle *vous* ne *vous êtes* *nous sommes donné*, *vous vous êtes donné*, etc. (*Voyez* la page 58.)

REMARQUE. On lit dans la grammaire de Lhomond une *exception unique*, page 57, ailleurs 61 : » (sujet) : on dit d'une femme : *Elle s'est* MIS *celà dans la tête*, (et non pas MISE) ; *Quelques païens* son énonciation. L'auteur aurait dû dire : « Lorsque les pronoms *me*, *te*, *se*, *nous*, *vous*, ne sont que natif. » Les exemples qu'il apporte auraient été une juste application de cette règle.

Dites : { Elles SE sont *données* en spectacle.
Elle S'était *blessée* au pied.

comme SE *louer*, S'*associer*, SE *flatter*, SE *donner*, SE *peindre*, SE *promettre*, etc.

verbe *être*.)

PARTICIPES-PASSÉS INVARIABLES.

14°. Pierre ou il / Lisette ou elle } S'EST } DONNÉ *des louanges*.
Pierre et Louis ou ils / Lisette et Julie ou elles } SE SONT }

Pierre A donné *qui? quoi?* RÉPONSE : *Des louanges, des louanges à soi, à lui.* Or, dans la phrase, ce mot *des louanges* est *après* le participe-passé ; conséquemment, *pas d'accord :* DONNÉ.

Lisette *a* donné *quoi? — Des louanges à soi, à elle.*
Pierre et Louis *ont* donné *quoi? — Des louanges à soi, à eux.*
Lisette et Julie *ont* donné *quoi? — Des louanges à soi, à elles.*
} Or, *des louanges* est *après* le partic. ; conséquemment, *pas d'accord.*

15°. Ces négocians se SONT ASSOCIÉ un jeune homme, dans leur commerce.

. . . . ONT associé *qui? (quoi?) — Un jeune homme* à soi, à eux. Or, dans la phrase, *un jeune homme* est *après* le participe ; conséquemment, *pas d'accord :* ASSOCIÉ.

16°. Je me SUIS PROCURÉ *des livres* instructifs.

J'AI procuré *qui? quoi? — Des livres, des livres* à moi. Or, dans la phrase, ce mot *des livres* est *après* le participe ; conséquemment, *pas d'accord.*

17°. Mes frères (ou mes sœurs) se SONT FAIT *peindre*.

. . . . ONT fait *qui? quoi? — Peindre, peindre soi* (*eux* mes frères, ou *elles* mes sœurs). Or, dans la phrase, *peindre* est *après* le participe ; conséquemment, *pas d'accord.*

18°. Juliette s'EST PROMIS *de bien danser* au bal.

A promis *qui? quoi? — De bien danser.* (*S'*, *se*, est mis pour *à soi, à elle;* Juliette a promis *à soi, à elle* de, etc.) Or, *de bien danser* est *après* le participe ; conséquemment, *pas d'accord.*

19°. Pourquoi ne VOUS ÊTES-vous pas DONNÉ plutôt *cet ameublement*? (4)

Pourquoi n'AVEZ-vous pas donné *qui? quoi? — Cet ameublement.*

(Il est aisé de voir que le premier *vous* est ici pour *à vous :* « Pourquoi n'avez-vous pas donné plutôt cet ameublement *à vous?*)

Or, dans la phrase, le mot *cet ameublement* est *après* le participe ; conséquemment, *pas d'accord.*

20°. Les hommes se SONT BATI *des villes* pour leur sûreté.

. . . . ONT bâti *qui? quoi? — Des villes.* Or, ce mot *des villes* est, dans la phrase, *après* le participe ; conséquemment, *pas d'accord.*

Plusqueparfait :	*Futur-passé :*	*Conditionnel-passé :*	*Passé du subj. :*	*Plusqueparf. du subj.*
JE M'ÉTAIS	JE ME SERAI	JE ME SERAIS	QUE JE ME SOIS	QUE JE ME FUSSE
en	en	en	en	en
J'AVAIS ;	J'AURAI ;	J'AURAIS ;	QUE J'AIE ;	QUE J'EUSSE

pour { *à lui* / *à elle* / *à eux* / *à elles* } complément-indirect. (*Voyez* d'ailleurs la page 25.)

pas donné plutôt cet ameublement? » du passé-indéfini *je me suis donné, tu t'es donné*, etc. *nous*

« Dans les temps composés des verbes réfléchis, le participe-passé ne s'accorde pas avec son nominatif *se sont* DONNÉ *la mort*, (et non pas *se sont* DONNÉS). » La règle apportée en exception est fausse dans régime (*complément*) indirect des verbes réfléchis, le participe-passé ne s'accorde pas avec son nomi-

Et : { Elles se sont DONNÉ *la main.* / Elle s'était BLESSÉ *le pied.* }

-o..

REMARQUE. Le participe-passé des verbes-réfléchis est toujours *variable*.
1°. Quand on ne peut pas tourner le verbe *être* par le verbe *avoir*;
2°. Quand le *sujet* du temps composé est nom de chose inanimée, incapable d'action.

EXEMPLES DU PREMIER CAS:

Lisette S'EST REPENTIE de sa faute.

Lisette *a* repenti *qui? quoi?* Cette interrogation répugne; on ne dit pas *repentir quelqu'un*, je m'*ai* repenti : conséquemment, *accord avec le sujet.*

Ma sœur s'en EST ALLÉE, sans me parler.

Ma sœur *a* allé *qui? quoi? Aller quelqu'un*, je m'en *ai* allé, tu t'en *as* allé, il s'en *a* allé, ne peut se dire; conséquemment, *accord avec le sujet.*

Cette personne S'EST SOUVENUE de moi.

A souvenu *qui? quoi? A souvenu* répugne; conséquemment, *accord avec le sujet.*

Le participe-passé est encore *variable*, quand *me, te, se, nous, vous*, ne peuvent pas être regardés comme un *complément-indirect.*

Elle s'est plue à courir.
Elles se *sont aperçues* de celà.
Nos troupes se *sont emparées* de cette ville.

EXEMPLES DU SECOND CAS:

L'affaire S'EST ARRANGÉE.
Mes deux maisons se SONT ÉCROULÉES.
La recette et *la dépense* se SONT BALANCÉES.
Ma voix *dans un désert semble s'*être perdue. (FERNAND-CORTÈS.)
Jusqu'au fond de nos cœurs notre sang *s'*est glacé. (RACINE.)

Dans ces cinq phrases, le *sujet*, *l'affaire*, *mes deux maisons*, etc. etc. est un nom de chose; conséquemment, *accord avec le sujet.*

TROISIÈME RÈGLE. Tout participe-passé d'un verbe impersonnel *quelconque*, ou d'un verbe employé impersonnellement, est *invariable.* (Il est dès-lors inutile de le plier à l'interrogation *qui? quoi?*)

EXEMPLES:

IL est *tombé* ce matin beaucoup de pluie.
IL est *arrivé* {un grand malheur. / de grands malheurs.}
IL s'est *glissé* une faute (ou des fautes) dans votre ouvrage.
IL est *arrivé* une fâcheuse aventure à M. votre frère.
IL s'était *rassemblé* une foule de gens armés, etc.
Quelle fâcheuse aventure est-IL *arrivé* (et non pas *arrivée*) à M. votre frère?
IL m'a été *remis* une lettre pour vous.
Jusqu'à quel point est-IL *permis* de sacrifier les générations présentes aux générations futures?
Les chaleurs qu'IL a *fait* (et non pas *faites*) il y a quatre ans, ont été excessives.
Les troubles qu'IL y a *eu* (et non pas *eus*) en Europe, sont heureusement appaisés.
La disette qu'IL y a *eu* (et non pas *eue*) l'an dernier, en Espagne, a été cruelle.

Conformément à la *seconde règle*, on ne manquera sans doute pas d'écrire, comme suit, les phrases que l'on va rapporter.

PARTICIPES-PASSÉS VARIABLES.

Que de *patience* {il A / elles ONT} MONTRÉE.
Combien de *chagrins* elles ONT ESSUYÉS !
Les chagrins et *les peines* qu'il A ÉPROUVÉS, sont incalculables.
La poésie et *le dessin*, que nous AVONS CULTIVÉS, charment tous nos loisirs.
L'on avoue *les torts* qu'on A EUS, et l'on nie ceux qu'on a ; de même on avoue *les maux* qu'on A SOUFFERTS, et l'on cache ceux qu'on souffre.
Je compte au nombre des jours les plus heureux de ma vie *ceux* que j'AI CONSACRÉS à l'instruction de mes élèves.

Je vous cède, ou plutôt je vous rends une place,
Un scèptre *que jadis vos aïeux* ONT REÇU
De ce fameux mortel *que la terre* A CONÇU. (RACINE.)

Il y a *telle* de mes périodes que j'AI RETOURNÉE plusieurs fois. (Sous-entendez *période :* Il y a *telle période* de mes, etc.)

Je les vis se livrer aux charmes d'un festin
*Qu'*AVAIENT ASSAISONNÉ *le travail et la faim*, (*ou* que le travail et la faim AVAIENT ASSAISONNÉ.) (ST.-LAMBERT.)

La pendule que j'AI ENTENDUE sonner.
La boule que tu AS VUE rouler.
L'épée qu'il A LAISSÉE tomber.
Les livres qu'il A LAISSÉS tomber.
Ces dames, je *les* AI LAISSÉES passer. (*Les* pour *elles, ces dames.*)
Quel est, madame, le pays qui *vous* A VUE naître ?
Quel est, ô étrangers ! le pays qui *vous* A VUS naître ?
Les troupeaux que nous AVONS VUS rentrer d'eux-mêmes à la bergerie, etc.
Que *d'hommes* vous AVEZ VUS naître et mourir !
Les arbres qu'ils ONT VUS croître, etc.
Ces réflexions, je *les* AI CRUES essentielles. (*Les* pour *elles*, ces réflexions.) (1).

---

(1) Souvenez vous bien que toutes les fois que le *nom* ou *pronom* qui précède le participe-passé (suivi d'un verbe ou d'un adjectif), peut être placé immédiatement *après* ce participe, celui-ci doit toujours s'accorder avec ce *nom* ou *pronom*. On peut dire : J'ai entendu *la pendule*, etc. ; tu as vu *la boule*, etc. ; il a laissé *l'épée*, etc. ; quel est le pays qui a vu *vous* mis pour *madame*, etc. ; nous avons vu *les troupeaux*, etc. ; vous avez vu *beaucoup d'hommes*, etc. etc. etc. Ecrivez donc : ENTENDUE, VUE, LAISSÉE, etc. etc. etc.

Mais il faudrait dire :

La question que j'*ai entendu* faire, etc.
La boule que j'*ai fait* rouler, etc.
Les troupeaux que nous *avons vu* conduire aux champs, etc.
Les arbres qu'ils *ont vu* planter, etc.

Pourquoi ? parce qu'on ne pourait pas placer ces noms *après* le participe, sans que le sens en souffrît ; en effet, on ne pourait pas dire :

J'ai entendu *la question faire*, etc.
J'ai fait *la boule rouler*, etc.
Nous avons vu *les troupeaux conduire*, etc.
Ils ont vu *les arbres planter*, etc.

Un grammairien estimé, Wailly, s'est trompé quand il a dit : (*Les dames que j'ai* laissé *passer*). J'ai laissé *qui ? — Ces dames*. Rien ne s'oppose à ce qu'on dise : *J'ai laissé ces dames passer* ; or, dans la phrase, le mot *ces dames* est avant le participe ; accord : LAISSÉES.

PARTICIPES-PASSÉS VARIABLES.

Justifiez la foi *que je vous* AI DONNÉE. (RACINE.)
Dans ces sentiers *nouveaux qu'*A FRAYÉS *mon audace* (ou *que mon audace* A FRAYÉS),
Mon œil d'aucun mortel ne reconnaît la trace. (DELILLE.)
Je te devais l'exemple, et je te L'AI DONNÉ. (GRESSET; L' pour *le*, *lui*, *l'exemple.*)

Toute révélation d'un secret est la faute de celui qui L'A CONFIÉ. (LA BRUYÈRE; L' pour *le lui*, *le secret.*)

L'homme oublia si profondément que Dieu L'AVAIT FAIT, qu'il crut à son tour pouvoir faire un Dieu. (BOSSUET; L' pour *le*, *lui*, *l'homme.*)

Ah! l'on hait la vengeance, après L'AVOIR AIMÉE. (LA HARPE; L' pour *la*, *elle*, *la vengeance.*)

Buffon semble avoir vu la terre sous ses pieds, et L'AVOIR TROUVÉE trop petite pour l'étendue de son génie. (L' pour *la*, *elle*, *la terre.*)

Nous L'AVONS dernièrement PARCOURUE, la belle vallée de Montmorency. (L' pour *la*, *elle*, *la vallée*; or, le pronom *la*, qui représente le nom *vallée*, est, dans la phrase, *avant* le participe; conséquemment, *accord.*)

Avez-vous entendu chanter la nouvelle actrice? — Oui, je L'AI ENTENDUE chanter. (L' pour *la*, *elle*, *l'actrice.*)

En gagnant tous les cœurs, il LES A tous UNIS. (VOLTAIRE; *les* pour *eux*, *les cœurs.*)

Je LES AI LUS, *les vers* que vous m'AVEZ ADRESSÉS. (*Les* pour *eux*, *les vers.*)

Toutes les dignités *que tu m'*AS DEMANDÉES
Je te LES AI *sur l'heure et sans peine* ACCORDÉES. (CORNEILLE; *les* pour *elles*, *les dignités.*)

L'Égypte, ce berceau des sciences, LES AVAIT à peu près PERDUES, faute de ce moyen propagateur et conservateur, l'imprimerie. (*Les* pour *elles*, *les sciences.*)

Le bonheur m'aveugla, la mort M'A DÉTROMPÉ. (GUSMAN, *fils* d'Alvarès.)
Remords, craintes, périls, rien ne M'A RETENUE. (AGRIPPINE, *mère* de Néron.)
Mortel, Dieu T'A FAIT *pour l'aimer, et non pour le comprendre.* (VOLTAIRE; T', *te*, *toi*, *homme*, *mortel.*)

Pauvre Didon, où T'A RÉDUITE
De tes maris le triste sort?
L'un, en mourant, cause ta fuite;
L'autre, en fuyant, cause ta mort. (AUSONE, trad. de Charpentier.)

L'ordre naturel de la phrase est: Malheureuse Didon, où (*dans quel état*) le triste sort de tes maris T'a-t-il réduite, a-t-il réduit *toi?* Or, T', *te*, *toi*, mis pour *Didon*, est *avant* le participe; conséquemment, *accord.*

Le salut de l'état nous A RENDUS *parents.* (VOLTAIRE.)

Les ennemis *nous* ONT RENDUS maîtres d'*une place* qu'on AVAIT CRUE imprenable.
Si le Créateur *nous* (1) A DISTINGUÉS des autres animaux, c'est sur-tout par le don de la parole. (QUINTILIEN.)
O mes amis! croyez-vous que les richesses *vous* AURAIENT RENDUS heureux? (*Vous* mis pour *mes amis.*)
Oui, mes sœurs, on *vous* A TROMPÉES. (*Vous* représente *mes sœurs.*)
Je vous fais passer *les notes* que je vous AVAIS PROMISES.
La feuille qu'on nous AVAIT ANNONCÉE devoir paraître, a été bien accueillie du public. (Le *nous* est ici pour *à nous.*)

---

(1) Quand le pronom *nous* ne se rapporte pas évidemment à un nom féminin-pluriel, il faut toujours sous-entendre, comme dans la phrase de Quintilien, le nom *hommes* : NOUS-HOMMES.

PARTICIPES-PASSÉS VARIABLES.

Il est très important de graver dans sa mémoire le petit nombre de *verbes* que j'AI DITS prendre *être* aux temps composés. (J'ai dit que certains *verbes* prennent, etc.)

Quels héros *la vertu n'A-t-elle pas* FORMÉS !

Quand on songe *aux autorités* sans nombre que l'auteur de l'*Esprit des lois* A CONSULTÉES, à la masse énorme des *matériaux épars* qu'il A RASSEMBLÉS, à la multitude de *connaissances* qu'il A RÉUNIES; quand on songe à *la difficulté* qu'il A ÉPROUVÉE ensuite pour faire de ces matériaux un édifice régulier et symétrique, l'esprit demeure en suspens, et ne sait lequel est le plus admirable ou son génie ou son courage.

Titus regardait comme perdus *les jours* qu'il AVAIT PASSÉS sans secourir quelque infortuné.

Les plus grands rois qu'AIT CÉLÉBRÉS l'histoire (ou que l'histoire *ait célébrés*), n'ont pas été élevés pour régner. (ROUSSEAU.)

Je regarde les *Époques de la Nature* comme un *des ouvrages* les plus profonds qu'on AIT ÉCRITS dans le dix-huitième siècle.

La pomme de terre et le maïs sont peut-être *les plus utiles présents* que le Nouveau-Monde AIT FAITS à l'ancien.

Il s'est déclaré l'auteur de cette lettre; je ne doutais point qu'il *l'*EÛT ÉCRITE.

VERBES RÉFLÉCHIS.

SE *précipiter :* Cette jeune personne S'EST PRÉCIPITÉE dans la rivière. (A précipité *qui? — Se, soi, elle.*)

SE *tuer :* Lucrèce S'EST TUÉE. (*S'* ou *se, soi, elle, Lucrèce*, nom de femme.)

SE *faire :* *Quelle réputation* militaire le général Moreau ne s'EST-IL pas FAITE? (Il *a* fait *quoi? — Une réputation* à soi? à lui.)

SE *faire :* Combien d'*ennemis* ne {t'ES-tu pas / vous ÊTES-vous pas} FAITS! (Passé-indéfini : *Je me suis fait, tu t'es fait.*)

Tu as fait *qui? quoi?* / Vous avez fait *qui? quoi?* — *Des ennemis* {à toi. / à vous.}

SE *laisser :* Cette femme S'EST LAISSÉE périr d'inanition (1). (*A* laissé *qui? quoi? — Se, soi, elle* périr.)

S'*abuser :* {Mon ami, ne *t'*ÉTAIS-tu pas ABUSÉ? (Tu *avais* abusé *qui? — Te, toi*, mon ami.) / Ma sœur, ne *t'*ÉTAIS-tu pas ABUSÉE? (Tu *avais* abusé *qui? — Te, toi*, ma sœur.)}

SE *voiler :*
. . . . *Ærope désolée*
De ses lambeaux sanglants à mes yeux S'EST VOILÉE. (CRÉBILLON.)
(*A* voilé *qui? — Se, soi, Ærope*, nom de femme.)

SE *rendre :* Montaigne avait hasardé ces expressions, et Jean-Jacques Rousseau se *les* EST RENDUES propres. (*Les* pour *elles*, ces expressions.)

SE *rendre :* Elle S'EST RENDUE caution pour ses enfants. (Elle *a* rendu *qui? — Se, soi*, caution, etc.)

---

(1) Il faudrait dire cependant :

Cette mère s'EST LAISSÉ *attendrir* par les larmes de sa fille.

Pourquoi? C'est que ce n'est pas cette mère qui a laissé *soi attendrir, qui a attendri* une autre personne, mais que c'est elle au contraire qui a laissé *attendrir soi par*, etc. Interrogeons :

Cette mère *a* laissé *qui? quoi? — Attendrir, attendrir soi.* Or, dans la phrase, *attendrir* est *après* le participe; conséquemment, *pas d'accord :* LAISSÉ.

(*Voyez* d'ailleurs la note qui est au bas de la page 78.)

PARTICIPES-PASSÉS VARIABLES.

VERBES RÉFLÉCHIS.

SE *faire* : Ma mère S'EST FAITE le défenseur des opprimés. (Elle *a* fait *qui? — Se, soi,* le défenseur des, etc.)

SE *couvrir* : Crassus voyait d'un œil jaloux la gloire dont S'ÉTAIENT COUVERTS Pompée et César (*ou* dont Pompée et César *s'étaient couverts.*)
(Pompée et César *avaient* couvert *qui? — S', se, soi,* eux.)

SE *former* : C'est à la suite des orages politiques que SE SONT FORMÉS les plus grands écrivains (ou que les plus grands écrivains *se sont formés*).
(Ils *ont* formé *qui? — Se, soi, eux*, les grands écrivains.)

SE *fixer* : Messieurs, après *nous* ÊTRE FIXÉS sur ce point, entrons en matière.
(Après *avoir* fixé *qui? — Nous.*.)

S'*élever* : Pour S'ÊTRE ÉLEVÉE à ce haut point de gloire, il faut que Rome ait eu une suite non interrompue de guerriers.
(Pour *avoir* élevé *qui? — Se, soi, elle, la ville* de Rome.)

S'*écarter* : Pourquoi, mes enfants, *vous* ÊTES-VOUS ÉCARTÉS des devoirs que l'on vous avait prescrits ?
(Pourquoi *avez*-vous écarté *qui? — Vous* mis pour *mes enfants.*)

S'*accuser* : Je doutais que saint Augustin SE FÛT ACCUSÉ d'avoir donné des larmes aux malheurs de Didon, amante d'Énée.
(*Eût* accusé *qui? — S', soi, lui,* saint Augustin.)

PARTICIPES-PASSÉS INVARIABLES.

C'est sur-tout dans l'éloquence que Rome peut se vanter d'AVOIR ÉGALÉ *la Grèce.* (QUINTILIEN.)

Mon nom deviendra cher aux peuples à venir,
Pour AVOIR *seulement* TENTÉ de vous punir. (VOLTAIRE.)

Anaxagore fut persécuté pour AVOIR OSÉ *dire que* le soleil était plus grand que le Péloponnèse (aujourd'hui *la Morée*).

La nature AYANT FAIT *les hommes égaux*, la raison n'A PU *les rendre dépendants* que pour leur bonheur. (MONTESQUIEU.)

AI-*je assez* SATISFAIT ta triste vanité ? (VOLTAIRE.)
T'AI-*je jamais* CACHÉ mon cœur et mes ennuis. (RACINE.)
*J'*AI CRU voir *et j'*AI VU *dans ses yeux attendris*
Le barbare plaisir *d'*AVOIR PERDU son fils. (VOLTAIRE.)
*J'*AI REVU les beaux lieux *qui m'*ONT DONNÉ le jour. (DELILLE.)
. . . . *Le ciel irrité*
*N'*A *pas dans votre cœur* MIS tant de cruauté. (VOLTAIRE.)
. . . . *Le sort qui toujours change*
Ne vous A *point* PROMIS un bonheur sans mélange. (RACINE.)
D'autres ONT PRIS *pour toi* les soins *que j'*AI DÛ prendre. (LA HARPE.)
Oreste A *dans la tombe* EMPORTÉ mon attente. (LA HARPE.)
. . . . *Il* A *jusqu'à ce jour*
FAIT douter *de sa foi, douter de son amour.* (CHAMFORT.)
Par quel miracle A-*t-on* OBTENU votre grâce ? (ATHALIE.)

PARTICIPES-PASSÉS INVARIABLES.

Telles sont les réflexions que j'AI CRU *utile* (1) de vous soumettre.

J'AI LU *une comédie* qui m'A SEMBLÉ *bien écrite.*

On A VU *de tout temps* les sots *se prévaloir.*

. . . . *Ma frayeur et mon zèle*
*M'*ONT DONNÉ *pour courir* une force nouvelle. (RACINE.)

Tes mœurs nous ONT APPRIS à révérer tes lois. (VOLTAIRE.; le *nous* est pour *à nous.*)

C'est la boussole qui A OUVERT aux Européens *la route* de l'Amérique et de l'Asie.

La géographie est une science que nous AVONS AIMÉ, mon frère et moi, *à cultiver.*

Le département de l'Aisne A VU *naître* Racine et La Fontaine.

AVEZ-VOUS ENTENDU *chanter* la nouvelle ariette? — Oui, je L'AI ENTENDU *chanter.* (*Chanter* L' pour *la, elle, l'ariette.*)

Connaissez-vous cette comédie? — Oui, je L'AI même VU *jouer.* (*Jouer* L' pour *la, elle la comédie.*)

Les peines que nous AVONS VU *nos grammairiens se donner* pour conduire la langue française à sa perfection, nous prouvent combien l'étude en est précieuse. (Nous avons vu *qui? — Nos grammairiens se donner des peines pour*, etc.)

*N'*AVEZ-*vous pas, Seigneur,* PERMIS, *malgré nos lois,*
Qu'il jouît de sa vue *une seconde fois,*
Qu'il revînt dans ces lieux? (ZAÏRE.)

Rome ignorante condamna Galilée à faire amende honorable, parce qu'il AVAIT PROUVÉ *le mouvement de la terre et l'immobilité du soleil*, contrairement à l'Écriture.

Dans sa vieillesse, Caton étudia la langue grèque, qu'il AVAIT NÉGLIGÉ *d'apprendre*, par mépris pour tout ce qui n'était pas romain.

N'AUREZ-vous pas bientôt FINI *votre ouvrage?*

Quels humains AURAIENT CRU *recevoir un tel hôte?* (LA FONTAINE.)
*J'*AURAIS *mieux* FAIT, *je crois*, d'épouser *Célimène.* (*L'Irrésolu* de DESTOUCHES.)
*Je n'*AURAIS *point aux dieux* DEMANDÉ d'autre père. (ÉGISTE.)

*Le dépit n'*A *jamais* SATISFAIT ses transports
*Qu'il n'*AIT LIVRÉ notre âme *aux plus cruels remords.* (CRÉBILLON.)

Racine A FAIT *dire* à Bérénice, amante de l'empereur Titus :

*En quelque obscurité que le sort l'*EÛT FAIT naître, (eût fait *naître lui*)
Le monde, en le voyant, EÛT (2) RECONNU son maître.

*Mes malheurs m'*ONT APPRIS à soulager *les vôtres.* (*Énéide*, liv. 1, trad. de GASTON; le *me* est pour *à moi.*)

Copernic n'est pas le premier qui AIT PLACÉ *le soleil* au centre du monde, et qui AIT FAIT *tourner* autour de cet astre la terre et les planètes : deux mille ans avant lui, Philolaüs AVAIT PUBLIÉ *ce système.*

*J'*AI SUPPORTÉ la honte *et* VU *de près* la mort. (VOLTAIRE; suppléez : Et j'*ai* VU.)

Plût au ciel que Clovis, plus jaloux de sa gloire,
*N'*EÛT *point de Tolbiac* OBSCURCI la victoire,
VERSÉ le sang *des siens*, etc. (LEMIÈRE; suppléez : *N'eût* point versé le sang, etc.)

---

(1) J'ai cru *quoi?— Utile*, *utile de*, etc. *Utile* doit rester ici invariable, comme s'il était au masculin-singulier. On dit de même : J'ai cru *bon*, il a trouvé *mauvais* que, etc. *Utile*, *bon*, *mauvais*, font, dans ces phrases, un sens indivisible avec les verbes qui les précèdent.

(2) *Eût* est ici pour *aurait* : Le monde, en le voyant, *aurait reconnu* son maître. (*Voyez* la remarque, page 32.)

PARTICIPES-PASSÉS INVARIABLES.

De mes stoïques yeux des larmes ont coulé. (VOLTAIRE.)	ont coulé *qui? quoi?*
Ton triomphe est parfait, tous tes traits ont porté. (Racine.)	ont porté *qui? quoi!*
Dans ce désastre affreux quels fleuves ont tari!	ont tari *qui? quoi?*
Quels sommets ont croulé! *quels peuples* ont péri! (DELILLE.)	ont croulé, ont péri *qui? quoi?*
Pour la veuve d'Hector ses feux ont éclaté.	ont éclaté *qui? quoi?*
La discorde a *toujours* régné *dans l'univers.* (LA FONTAINE.)	a régné *qui? quoi?*
Il faut se reposer, après *avoir étudié.*	avoir étudié *qui? quoi?*
Ils *ont échoué* dans leurs entreprises.	ont échoué *qui? quoi?*
Ils *ont nui* à mes intérêts.	ont nui *qui? quoi?*
Elles *ont renoncé* à leurs prétentions.	ont renoncé *qui? quoi?*
Elles *ont pâli* à ma vue.	ont pâli *qui? quoi?*
Elles *ont tremblé* pour ses jours.	ont tremblé *qui? quoi?*
Ils *ont fui* devant moi.	ont fui *qui? quoi?*
Elles *ont usé* de leur pouvoir.	ont usé *qui? quoi?*
Voltaire est un des plus grands génies qui *aient existé.*	aient existé *qui? quoi?*
C'est *avoir profité*, que d'aimer la lecture de Cicéron. (QUINTILIEN.)	avoir profité *qui? quoi?*
Dis que le fier Warwick a pleuré *devant toi.* (LA HARPE.)	a pleuré *qui? quoi?*
J'*ai* assez *vécu*, disait César, pour la nature et pour ma gloire.	J'ai vécu *qui? quoi?*

RÉP.: *Rien; conséquemment pas d'accord.*

(Rappelez vous d'ailleurs, comme je l'ai déjà fait remarquer, que tout participe-passé d'un verbe *neutre* ou *sans complément-direct*, construit avec AVOIR, est nécessairement *invariable.*)

VERBES RÉFLÉCHIS.

SE *crever* : OEdipe s'EST crevé *les yeux.* (A crevé *qui? quoi?* — RÉP.: *Les yeux* à soi, à lui.

SE *donner*, SE *laisser* : Lucrèce s'EST DONNÉ *la mort*, mais elle ne s'EST pas LAISSÉ *poignarder.* (A donné *quoi?* — *La mort* à soi, à elle; A laissé *quoi?* — *Poignarder* soi, elle, et non pas : A laissé *soi poignarder.*)

SE *laisser* : Les grammairiens de nos jours se SONT LAISSÉ (1) *entraîner* dans l'erreur par ceux qui les ont devancés. (Ont laissé *qui? quoi?* — *Entraîner soi, eux*, et non pas : Ont laissé *soi entraîner.*)

On dirait également : Les troupes de Charles VII n'auraient pas empêché la prise d'Orléans, si elles ne s'ÉTAIENT LAISSÉ *conduire* par une jeune héroïne, connue dans l'histoire sous le nom de Jeanne d'Arc.

SE *persuader* : Elle s'EST PERSUADÉ *que je voulais la tromper.* (Elle *a* persuadé *qui? quoi?* — *Que je voulais*, etc. *S'*, *se*, *soi*, est pour *à soi.*)

SE *percer* : Arria, après s'ÊTRE PERCÉ *le sein*, retira le couteau sanglant, le présenta à son époux moins courageux qu'elle, et lui dit : « Pétus, cela ne fait pas de mal. » (*Avoir percé qui? quoi?* — *Le sein* à soi, à elle.)

SE *disputer* : Sept villes se SONT DISPUTÉ *l'honneur* d'avoir été le berceau d'Homère. (*Ont* disputé *qui? quoi?* — *L'honneur de*, etc. Le mot *villes* est ici *personnifié*: c'est comme s'il y avait : *Les habitants de sept villes* ont disputé, etc.)

---

(1) Un grammairien célèbre, Boinvilliers, prétend qu'il faut LAISSÉS. *Entraîner*, dit-il, est mis ici pour un infinitif-*passif*; c'est comme s'il y avait : *Les grammairiens ont laissé* soi être entraînés *dans l'erreur par*, etc. J'avoue que je ne partage pas l'opinion de M. Boinvilliers. Il me semble que l'interrogation *qui?* ou *quoi?* et celle qu'a prescrite l'ingénieux Domergue : *Qu'est-ce que je présente sous l'idée d'être* CHANTÉ, LAISSÉ, etc. etc. amènent l'une et l'autre en réponse : ENTRAINER, ENTRAINER *soi*, et non pas soi *entraîner.* J'ajouterai à l'appui de ce sentiment, que mes élèves, qui n'ont aucune teinture du latin, ayant été consultés sur cette question délicate, se sont rencontrés de mon avis, et qu'ils n'ont vu aucune *passivité* dans cette phrase, qui leur a paru à peu près semblable à celle-ci : *J'*AI FAIT *tondre ces brebis par le berger.* Je persiste donc à croire que LAISSÉ doit être invariable.

Ecrivez également :

Cette dame, je l'ai VU peindre par un habile artiste.

J'ai vu *qui? quoi?* — RÉPONSE : *Peindre*, *peindre elle par un habile artiste.* Or, dans la phrase, le mot *peindre* est *après* le participe; conséquemment, *pas d'accord.*

Si cependant un usage contraire s'établissait par la pluralité des écrivains connus, je le regarderais comme une règle que je me ferais un devoir d'observer.

PARTICIPES-PASSÉS INVARIABLES.

VERBES RÉFLÉCHIS.

SE *partager :*	Démocrite et Héraclite s'ÉTAIENT PARTAGÉ l'empire des ris et des larmes. (*Avaient* partagé *qui? quoi ? — L'empire,* etc.)
SE *faire :*	Mademoiselle, ne vous ÊTES-VOUS pas FAIT *illusion?* (N'avez-vous pas *fait qui? quoi? — Illusion* à vous, etc.)
S'*apprendre :*	* *Avec quelle innocence et quels épanchements* *Nos cœurs* se SONT APPRIS leurs premiers sentiments. (VOLTAIRE.) (Le mot *cœur* est ici personnifié.)
SE *voir :*	Rousseau et Voltaire s'ÉTAIENT VU *préférer des concurrents* dont les noms sont aujourd'hui ensevelis dans l'oubli. (Le *se* est pour *à soi, à eux.*)
SE *donner :*	J'aurais désiré qu'elles se FUSSENT réciproquement DONNÉ *des avis.* (Qu'elles *eussent* donné *qui ? quoi ? — Des avis* à elles.)
SE *couper :*	Elle se SERA COUPÉ *la main.* (Elle *aura* coupé *quoi ? — La main* à soi.)
SE *répondre :*	Elles se SONT RÉPONDU très honnêtement. (Elles *ont* répondu *quoi ? — Rien ;* pas d'accord. — *Se* est pour *à soi, à elles.*)

Doit-on dire d'une femme ?

Je l'ai VUE peindre *ou* je l'ai VU peindre.

Une explication amènera la réponse. Si l'on veut dire qu'on a vu *une femme* peindre, qui peignait, il faut *vue*, comme le prouve l'interrogation faite dans ce sens :

J'ai vu *qui?* (ou *quoi?*) — L' ou *la*, en un mot *elle*, *cette femme* peindre. Or, dans la phrase, le pronom *la*, représentant le nom *femme*, est *avant* le participe ; conséquemment, *accord :* VUE.

Si l'on veut dire qu'on a vu *peindre* une femme, qu'on a vu *faire son portrait*, il faut *vu*, comme le prouve l'interrogation faite dans ce sens :

J'ai vu *qui?* ou plutôt *quoi? — Peindre, peindre la femme.* Or, dans la phrase, *peindre* est *après* le participe ; conséquemment, *pas d'accord :* VU.

Doit-on dire ?

Je vous ai rendu tous les services que j'ai *pu*, que j'ai *dû*, que j'ai *voulu.*

Oui, sans doute ; parce que le verbe *rendre* est sous-entendu : que j'ai {pu, dû, voulu} *vous* RENDRE. Or, *rendre*, s'il était exprimé, viendrait *après* le participe ; conséquemment, *pas d'accord.*

(On dirait néanmoins : « Il m'a payé toutes *les sommes* qu'il m'a DUES si long-temps. Il veut fortement *les choses* qu'il *a* une fois VOULUES. » *Vouloir* n'est *actif* que dans cette phrase.)

Doit-on dire ?

1°. Sortez, ont-ils *dit.*

Oui, sans doute ; *dit* doit être invariable, parce que la phrase est transposée. L'ordre naturel est : « Ils ont dit, sortez. »

2°. Le peu de personnes que j'ai *vues*.

Oui, sans doute : il s'agit évidemment de *personnes vues*. On dirait cependant : « Le peu d'exactitude qu'il a *montré*, est répréhensible. » Pourquoi ? parce qu'il ne s'agit ici que du *défaut*, du *peu* d'exactitude.

3°. Voilà la montre que j'avais *envoyée* raccommoder.

La force du sens demande *envoyée*. En effet, il ne s'agit point de l'envoi de *quelqu'un* pour raccommoder la montre, de l'envoi *d'un raccommodage* de montre, mais il s'agit de l'envoi *d'une montre* à raccommoder. D'ailleurs, interrogeons :

Qu'est-ce que je présente sous l'idée d'être envoyé ?
J'ai envoyé *quoi ?* } *Une montre, une montre à raccommoder*, c'est-à-dire, *pour être raccommodée.*

CHAPITRE SIXIÈME.

DE L'ADVERBE (1).

ADVERBE signifie *joint au verbe*.

L'adverbe est un mot invariable et sans complément, qu'on ajoute le plus souvent *au verbe* (et quelquefois *à l'adjectif* ou même *à un autre adverbe*), pour en marquer quelque circonstance, pour en modifier la signification.

Quand je dis :

Lisette chante.

j'indique purement et simplement que Lisette *fredonne ;* mais quand je dis :

Lisette chante *trop*.

je fais entendre que Lisette chante *plus qu'il ne faut :* circonstance exprimée par l'adverbe *trop* qui modifie la signification du verbe *chanter*.

Quand je dis :

Lisette est *infiniment* aimable ; je l'aime *bien* sincèrement.

l'adverbe *infiniment* modifie l'adjectif *aimable ;* il indique que l'amabilité de Lisette est poussée *au plus haut degré*. L'adverbe *bien* modifie, étend la signification de l'autre adverbe *sincèrement ;* il indique que j'aime Lisette non pas seulement *avec sincérité*, mais *avec beaucoup de sincérité*, *très sincèrement*.

---

(1) Les Grammairiens qui appellent l'*adjectif*, ATTRIBUT, et *les verbes-adjectifs*, ATTRIBUTS-COMBINÉS, donnent à l'*adverbe* le nom de SURATTRIBUT. Ces nouvelles dénominations sont de beaucoup préférables aux autres : si je ne les ai pas adoptées, c'est parce que malheureusement tous les dictionnaires et vocabulaires sont rédigés d'après l'ancienne méthode. (*Voyez* la remarque de la page 33.)

Dans les phrases suivantes, les mots imprimés en *romain* sont *adverbes* :

Ce que l'on conçoit bien, *s'énonce* clairement. (BOILEAU.)
Rarement *pour un autre on ravit la couronne.* (LEMIERRE.)
Quand on règne une fois, on veut régner toujours. (RACINE.)

Le tigre est *bassement* cruel. (BUFFON.)
L'homme *véritablement* libre est celui qui, dégagé de toute crainte et de tout désir, n'est soumis qu'aux dieux et à la raison. (FÉNÉLON.)

Il y a plusieurs sortes d'adverbes.
1°. Ceux qui marquent la manière dont se font les choses.

EXEMPLE :

Lisette chante { *légèrement*, c'est-à-dire, *d'une manière légère.*
lourdement, c'est-à-dire, *d'une manière lourde.* }

La plupart des adverbes de manière sont terminés en *ment ;* ils se forment du féminin-singulier des adjectifs : Bon, bonne, *bonne*MENT ; ancien, ancienne, *ancienne*MENT ; public, publique, *publique*MENT ; attentif, attentive, *attentive*MENT ; subtil ; subtile, *subtile*MENT ; réel, réelle, *réelle*MENT ; utile, utile, *utile*MENT, etc. etc. etc. (1).

PREMIÈRE REMARQUE. Quand l'adjectif est terminé au masculin-singulier par un É fermé, par I ou par U, l'adverbe se forme du masculin.

ADJ. MASCULINS.	ADVERBES.	
Modéré,	Modéré*ment.*	{ Si *gentil* (féminin, *gentille*) fait *gentiment*, c'est qu'on ne prononce pas le L dans *gentil.*
Gai, poli,	Gai*ment*, poli*ment.*	
Ingénu, absolu,	Ingénu*ment*, absolu*ment.*	*Impuni* fait *impunément.*

DEUXIÈME REMARQUE. Les adjectifs terminés en *ant* et en *ent* changent, savoir :

ANT en AMMENT ;	ENT en EMMENT.	
Abond*ant*, abond*amment.*	Ard*ent*, ard*emment.*	} Prononcez toujours : AMENT.
Élég*ant*, élég*amment.*	Dilig*ent*, dilig*emment.*	
Puiss*ant*, puiss*amment.*	Prud*ent*, prud*emment.*	

(*Lent* et *présent* font cependant *lentement*, *présentement.*)

TROISIÈME REMARQUE. Les adverbes de manière, qui sont la plupart susceptibles d'extension ou de restriction, peuvent être précédés des adverbes *plus*, *moins*, *aussi*, *très*, *le plus*; etc.

On dira donc : { *Plus* / *Aussi* / *Moins* } facilement, *très* facilement, *le plus* facilement possible.

On ne pourait pas dire : *Plus* mortellement, *moins* carrément, *très* excessivement. Pourquoi ? parce qu'on n'est pas *plus* ou *moins* mort ; parce qu'une chose n'est pas *plus* ou *moins* carrée ; parce que l'adjectif *excessif* marque une qualité au *suprême* degré.

---

(1) L'*e* qui précède *ment* est irrégulièrement fermé dans les adverbes suivants : *Aveuglément*, *conformément*, *commodément*, *communément*, *énormément*, *expressément*, *importunément*, *obscurément*, *opiniâtrément*, *précisément* et *profondément.*

Aussi, *en vain*, *exprès*, *volontiers*, *ainsi*, sont des adverbes de manière.

EXEMPLE :

Celui qui fut bon fils, doit être aussi *bon père.* (CHAMFORT.)

On dit : *Aussi bien*, *très bien*, *fort bien* ; mais on ne dit pas : *plus bien*, *le plus bien.* Dites : *mieux*, *le mieux*. On peut dire : *le pis* pour *le plus mal.*

2°. Les adverbes qui marquent l'ordre. Tels sont : *D'abord*, *premièrement*, *secondement*, etc. *comment*, *debout*, *puis*, *ensemble*, *ensuite*, etc. etc.

D'abord *il s'y prit mal*, puis *un peu mieux*, puis *bien*,
Puis *enfin il n'y manqua rien.* (LA FONTAINE.)

3°. Ceux qui marquent le lieu, comme *où*, *ici*, *là*, *ailleurs*, *près*, *auprès*, *de près*, *de loin*, *dedans*, *dehors*, *dessus*, *dessous*, *par-tout*, *alentour*, etc. etc.

De loin *c'est quelque chose*, *et* de près *ce n'est rien.* (LA FONTAINE.)
Les fruits sont-ils sur le buffet ? Non, ils sont *dedans.*
Les fruits sont-ils dans le buffet ? Non, ils sont *dessus.*
Ce domaine m'appartient, ainsi que tous les bois d'*alentour.*

4°. Ceux qui marquent le temps. *Autrefois*, *jadis*, *alors*, *déjà*, *hier*, *avant-hier*, *aujourd'hui*, *maintenant*, *demain*, *bientôt*, *désormais*, *dorénavant*, *souvent*, *tantôt*, *jamais*, *toujours*, *long-temps*, *auparavant*, *tôt*, *tard*, etc. etc.

On n'aime plus, comme on aimait jadis. (Mme. DESHOULIÈRES.)
Un prince est *bientôt* sans conseil, quand il dit son avis le premier. (CONFUCIUS.)
Je ne trouve qu'en vous je ne sais quelle grâce
Qui me charme toujours *et* jamais *ne me lasse.* (RACINE.)
La probité est une insensée, qui travaille *souvent* pour des ingrats. (SHAKESPEARE.)

Peut-être marque doute.

« La traduction des *Géorgiques* de Virgile (par Delille), a dit ingénieusement le grand Frédéric, est *peut-être* l'ouvrage le plus original que l'on connaisse. »

5°. Ceux qui servent à comparer. Tels sont : *Plus*, *aussi*, *moins*, *très*, *le plus*, *autant*, etc. etc.

La méditation est *plus* utile que l'étude. (MONTAGNE.)
Bergers, bergers, le loup n'a tort
Que quand il n'est pas le plus *fort.* (LA FONTAINE.

6°. Ceux qui marquent la quantité, tels que : *Combien*, *presque*, *peu*, *guère*, *assez*, *beaucoup*, *encore*, *davantage*, *si* (tellement), *tant*, etc. etc.

La paresse pour l'homme est presque *le bonheur.*
Quand on sait travailler, on craint peu *la misère.* (FAVART.)
Qui croit toujours le crime, en paraît trop *capable.* (VOLTAIRE.)
La fortune est utile, mais l'instruction l'est *encore davantage.*
La nature est *si* avare de ses prodiges, que ce n'est que de loin en loin qu'elle donne de grands hommes à la terre.

PREMIÈRE REMARQUE. *Souvent*, *tôt*, *tard*, *volontiers*, *près* et *loin* peuvent être précédés de *plus*, *moins*, *aussi*, *très*, *le plus*, etc. etc. (On a fait un seul mot de *plus tôt* qu'on écrit communément *plutôt*.)

Deuxième remarque. La plupart des adverbes ne sont que d'un mot; on les appelle *adverbes simples*. Ceux qui sont de plus d'un mot, s'appellent *adverbes composés*. Tels sont : *A dessein*, *à jeûn*, *à l'avenir*, *à l'envi*, *à peu près*, *à présent*, *à propos*, *à regret*, *en attendant*, *en général*, *sans cesse*, *sans doute*, *sans faute*, *au contraire*, *au hasard*, *au reste*, *de nouveau*, *de temps en temps*, *tout-à-coup*, *par hasard*, *par mégarde*, etc. etc.

Troisième remarque. Les adjectifs s'emploient quelquefois *adverbialement*, c'est-à-dire, comme si c'étaient des adverbes; on dit : Voir *clair*, parler *haut*, parler *bas*, chanter *fort*, chanter *faux*, chanter *juste*, sentir *bon*, se faire *fort* de..... avoir *beau* faire, tailler *long*, tailler *court* la vigne, etc. etc. etc.

L'adjectif, pris adverbialement, reste comme s'il était *au singulier-masculin*.

CHAPITRE SEPTIÈME.

DE LA PRÉPOSITION.

Préposition signifie *mot qui* précède *un autre mot*.

La préposition, qui marque le rapport des choses entre elles, *précède* toujours un autre mot complémentaire, sans lequel elle ne formerait aucun sens. *A*, *de*, *dans*, *sur*, etc. etc. par exemple, ne signifient rien seuls; mais quand je dis :

Un plat A *barbe*.
Les fruits DE *cet arbre* sont délicieux.
L'estime n'est que DANS *le cœur*. (Platon.)
Que d'épines SUR *une seule rose* !

A marque le rapport qu'il y a entre *plat* et *barbe ;* DE marque le rapport qu'il y a entre *arbre* et *fruit ;* DANS marque le rapport qu'il y a entre *cœur* et *estime ;* SUR marque le rapport qu'il y a entre *rose* et *épines*. Ces mots *barbe*, *cet arbre*, *le cœur*, *une seule rose*, prennent le nom de *complément*, parce qu'ils *complètent* le sens des prépositions *à*, *de*, *dans*, *sur*.

On voit qu'il est dès-lors très facile de distinguer un *adverbe* d'une *préposition :* l'adverbe n'a jamais de complément; la préposition, au contraire, en a toujours un.

Les prépositions marquent tantôt la place, le lieu, comme *dans*, *chez*, *sur*, *sous*, etc. tantôt le but, comme *vers*, *envers*, *pour*, etc. tantôt l'opposition, comme *contre*, *malgré*, etc. tantôt l'ordre, comme *avant*, *après*, *depuis*, etc. etc.

Voici le tableau des principales prépositions françaises :

A, *De*, *Pour*, *Sans*, *Par*, *Après* (suivis d'un *nom* ou d'un *verbe*.)	*Attendu*, *vu*,	*Derrière*,	*Hors*,	*Pendant*,	*Voici* (en montrant un objet proche.)
	Avant,	*Dehors*,	*Hormis*,	*Sauf*,	*Voilà* (en montrant un objet éloigné.)
	Avec,	*Devant*,	*Malgré*,	*Selon*,	
	Chez,	*Durant*,	*Moyennant*,	*Sous*,	
	Concernant, *touchant*,	*Entre*,	*Nonobstant*,	*Suivant*,	
	Dans, *en*,	*Envers*,	*Outre*,	*Sur*,	
	Depuis,	*Excepté*,	*Par*,	*Vers*,	
			Parmi,		

Une seule journée D'*un sage* est préférable A *toute la vie* D'*un sot*.

On gagne toujours A *taire* ce qu'on n'est pas obligé DE *dire*.

N'être bon que POUR soi, c'est n'être bon à rien. (VOLTAIRE.)

POUR bien *louer* (1) Cicéron, il faudrait un autre Cicéron. (QUINTILIEN.)

La politesse tient un milieu ENTRE la fierté et la bassesse.

Charles le Téméraire, duc DE *Bourgogne*, naquit A *Dijon* EN 1443 ; il périt DANS *la mêlée* SOUS *les murs* DE *Nancy*, VERS *l'an* 1477 ; son corps fut trouvé PARMI *les morts*, deux jours APRÈS *la bataille*.

Les prépositions qui ne sont que d'un mot, s'appellent *prépositions simples* ; celles qui sont de plus d'un mot, s'appellent *prépositions-composées*.

Voici quelques-unes des prépositions composées qui prennent DE : *Au dessus de*, *au dessous de*, *en deçà de*, *au delà de*, *loin de*, *près de*, *à force de*, *auprès de*, *proche de*, *hors de*, *autour de*, *à côté de*, *à l'égard de*, *à raison de*, *à couvert de*, *à l'abri de*, *à la réserve de*, *à l'exception de*, *à l'exclusion de*, *à l'insu de*, *au devant de*, *au travers de*, *en face de*, *le long de*, *à cause de*, *en cas de*, etc. etc. etc.

Les rois ne sont élevés *au-dessus des* autres, que pour découvrir les malheureux de plus loin. (MAURY.)

Quelques prépositions sont suivies de A ; telles sont : *Jusqu'à* (ou *jusques à*), *quant à*, *par rapport à*, etc. etc. etc.

Charles XII était libéral *jusqu'à* la profusion, courageux *jusqu'à* la témérité.

---

(1) REMARQUE. Tout verbe précédé de A, DE, POUR, SANS, ou d'un verbe QUELCONQUE (AVOIR et ÊTRE *exceptés*), est *à l'infinitif-présent*.

Ecrivez donc : { J'aime A / Je viens DE / Je n'ai pas de cartes POUR / Je ne puis vivre SANS / Je veux / Il a voulu } *Joue*R, avec un *R* final.

Il peut arriveR que, etc.

L'exemple fait passeR le précepte avec lui. (LA FONTAINE.)

Dans le doute s'il faut un R final ou un É fermé, essayez d'ailleurs un autre verbe de la *seconde* conjugaison, tel que *faire*, *se faire*. On peut dire, par exemple : J'aime à *faire*, je viens de *faire*, etc. je veux *faire*, il a voulu *faire*, il peut *se faire*, l'exemple fait *faire*. Or, puisque *faire* est ici *à l'infinitif-présent*, JOUER (ou tout autre verbe de la *première* conjugaison) ne peut être non plus qu'à l'*infinitif-présent*, et l'on doit écrire *joueR*, *arriveR*, *passeR*, avec un R final, et non pas JOUÉ, ARRIVÉ, PASSÉ ; faute que M. Boinvilliers a remarquée le premier, et que font presque tous les commençants, en faveur desquels j'ai rédigé cette note.

PREMIÈRE REMARQUE. Tout adverbe, suivi de *à* ou *de*, rentre dans la classe des prépositions composées; tels sont : *Indépendamment de*, *différemment de*, etc. etc. *conformément à*, *relativement à*, *préférablement à*, etc. etc.

EXEMPLE:

Indépendamment de la beauté de sa forme, de la vivacité, de la force et de la légèreté, le chien a toutes les qualités intérieures qui peuvent le faire aimer de l'homme. (BUFFON.)

DEUXIÈME REMARQUE. *Près*, *après*, *depuis*, etc. et quelques autres mots, sont tantôt *prépositions*, tantôt *adverbes*.

Qu'est-ce que chaque race ? Une ombre *après* une ombre. (LEMIERRE.)

Après est ici *préposition*.

Jouez maintenant, vous étudierez *après*.

Après est ici *adverbe*.

TROISIÈME REMARQUE. *De*, *excepté* et *hors* peuvent quelquefois être suivis d'une autre préposition.

EXEMPLE:

De *par* le roi.

(On dirait : *Au nom de* la loi.)

On dit aussi : *Je n'ai pu examiner ce matin votre affaire; ce sera* pour après *le dîner*.

Préférez : *Je n'ai pu examiner ce matin votre affaire; je m'en occuperai* après *le dîner*.

CHAPITRE HUITIÈME.

DE LA CONJONCTION.

CONJONCTION signifie *liaison*.

Une *conjonction* est un mot qui sert à lier, à *joindre* deux phrases ou deux membres de phrase ensemble. (La plus petite phrase doit avoir au moins deux mots, le *sujet* et le *verbe* : JE CHANTE, LOUIS RIT.)

EXEMPLE:

César dictait ET écrivait en même temps.

Et est ce qu'on appelle conjonction ; ce mot lie le premier membre de phrase *César dictait*, au second, *écrivait en même temps*.

Les conjonctions les plus usitées sont *et*, *ni*, *que* (1).

EXEMPLES:

Parlez peu ET pensez bien.
Ne ris *ni* long-temps *ni* souvent. (ÉPICTÈTE.) } (2)

L'ignorance vaut mieux qu'*un savoir affecté.* (BOILEAU.)
Est-ce un malheur si grand que *de cesser de vivre ?* (Virgile, *trad. de* RACINE.)

Les conjonctions marquent tantôt *addition*, comme *de plus*, *même*, *aussi*, etc. ; tantôt *alternative*, comme *ou*, *tantôt*, *soit que*, etc. ; tantôt *opposition*, comme *mais*, *cependant*, *néanmoins*, etc. ; tantôt *une condition*, comme *pourvu que*, *moyennant que*, etc. ; quelquefois enfin, *elles rendent raison*, comme *car*, *en effet*, etc.
Rien de plus facile que de les classer d'après le sens qu'elles présentent.

Voici le tableau des conjonctions les plus usitées :

Car,	*pourtant*,	*même*,	*donc*,	*quand*,
En effet,	*toutefois*,	*encore*,	*ou* (SANS ACCENT.) *	*si* **
Cependant,	*d'ailleurs*,	*et*, *ni*,	*soit*,	*sinon*,
Mais,				
Néanmoins,	*aussi*,	*or*,	*tantôt*,	*enfin*.

EXEMPLES:

Un roi doit veiller plus qu'un autre sur lui-même; *car* chaque jour de sa vie est un feuillet de son histoire.

La faim peut regarder à la porte de l'homme laborieux ; *mais* elle n'ose pas entrer dans la maison.

On n'est point malheureux, quand *on n'est point coupable.* (PACARONI.)

On pourait vivre de peu, *si* on le voulait.

---

(1) Il est aisé de distinguer le *que* conjonctif, c'est-à-dire, *unitif*, du *qui relatif;* quand on ne peut pas tourner un *que* par *lequel*, *laquelle*, *lesquels*, etc. suivant le genre et le nombre du nom qui le précède, ce *qui* est un *que conjonctif.* Dans cette phrase :

Rien n'empêche tant d'être naturel, *que* l'envie *qu*'on a de le paraître. (LA ROCHEFOUCAULT.)

le premier *que* est un *que conjonctif*, parce qu'on ne peut pas le tourner par *lequel*, *laquelle*, etc. le second *que* est un *que relatif*, parce qu'on peut le tourner par *lequel*, *laquelle*, etc. et qu'on peut dire : « L'envie, *laquelle envie* on a de, etc. »

On sait que le *que* indéfini, signifiant *quelle chose*, commence ordinairement la phrase (il est par lui-même interrogatif) : *Que* voulez-vous? c'est-à-dire, *quelle chose* voulez-vous?

(2) *Et* et *ni* ne lient quelquefois que deux mots.

EXEMPLES:

Le soleil *et* la fortune font briller jusqu'aux insectes. (GAUBERTIN.)
Vous *et* moi nous sommes fautifs.
Ni vous *ni* moi nous ne sommes fautifs.

* *Voyez* à la 3e. partie, chap. I, l'article ACCENTUATION (*Des mots qui prennent ou rejettent certains accents*).

** *Voyez* la page 97.

Il y a des conjonctions qui sont suivies d'un *que;* telles sont :

Vu que,	*lorsque,*	*puisque,*	*bien entendu que,*	*outre que,*	*de manière que,* (1)
Attendu que,	*pendant que,*	*dès que,*	*à condition que,*	*parce que,*	*de sorte que,* (1)
De même que,	*tandis que,*	*aussitôt que,*	*à la charge que,*		*tellement que,* (1)
					sinon que, (1)
					si ce n'est que, (1)
					ensorte que. (1)

EXEMPLE :

Les grands capitaines écrivent leurs actions avec simplicité, *parce qu*'ils sont plus glorieux de ce qu'ils ont fait que de ce qu'ils ont dit. (MONTESQUIEU.)

D'autres conjonctions demandent le mode, c'est-à-dire un des temps du subjonctif, conformément au tableau de la concordance des temps, page 89; elles sont relatées page 92.

CONCORDANCE (2) DES TEMPS DE L'INDICATIF.

La concordance des temps de l'indicatif est si simple, qu'il suffit, pour en avoir une idée, de jeter les yeux sur les phrases suivantes :

Vous *savez* / Vous *saurez* } que Frédéric II *était* (3) un grand roi.

Je *crois* que la France { *est* / *était* / *fut* / *a été* / *sera* / *aura été* } le sujet de tous les entretiens.

Je *crois* qu'elle le *serait* encore, *si*, etc.; qu'elle l'*aurait été*, si, etc.

Je *chantais* {
quand vous *lisiez*, quand vous *entriez*.
quand vous *lûtes*, quand vous *entrâtes*.
quand vous *avez lu*, quand vous *êtes entré* (4).

J'*avais chanté* {
quand vous *lisiez*, quand vous *entriez*.
quand vous *lûtes*, quand vous *entrâtes*.
quand vous *avez lu*, quand vous *êtes entré*.
quand vous *eûtes lu*, quand vous *fûtes entré*.

---

(1) Ces six conjonctions demandent tantôt le mode de l'*indicatif*, tantôt celui du *subjonctif;* elles ne demandent le subjonctif, que lorsque la phrase tient du *souhait* ou du *doute*.

EXEMPLES :

Comportez vous *de telle sorte*, *de telle manière*, que vous *méritiez* l'estime des gens de bien.
Prenez de sages mesures, *ensorte que* vous n'*ayez* rien à vous reprocher.
Mes ennemis ont tout dit de moi, *si ce n'est* que je *fusse* un sot. (MIRABEAU.)

(2) C'est-à-dire *accord*, *correspondance* des temps entre eux.

(3) *Était* marque ici un *passé absolu* ou *sans relation*.

(4) On sait que ENTRER, *aller*, *venir*, etc. empruntent comme *tomber*, aux temps composés, le verbe *être*.

Vous *chanterez*, si je le *veux*. — Vous *chanteriez*, si je le *voulais*.
Il *aura chanté*, si vous l'*avez voulu*. — Il *aurait chanté*, si vous l'*aviez voulu*.
Quand l'avare *posséderait* tout l'or du monde, il n'en *serait* pas plus content.
Quand Alexandre *aurait conquis* tout l'univers, il n'en *aurait* pas *été* plus content.

Je *croyais*
Je *crus*
J'*ai cru*
J'*avais cru*
} que vous *étiez* (1), que vous *aviez été* (2), que vous *iriez* (3) à Rome.

(*Voyez* la concordance des temps sur-composés, page 36.)

Dites cependant :

Bias *soutenait* que la santé FAIT (et non pas *faisait*) la félicité du corps.
Ovide *affirma* que l'étude CORRIGE et ADOUCIT les mœurs (et non pas *corrigeait* et *adoucissait* les mœurs).
Un ancien *a dit* que l'émulation EST (et non pas *était*) l'âme du travail.
J'*avais lu* dans divers auteurs que la terre EST ronde, et qu'elle TOURNE (et non pas *était* ronde, et qu'elle *tournait*).

La raison pour laquelle il faut le présent dans ces quatre phrases, c'est qu'il est toujours vrai et par conséquent toujours présent que *la santé* FAIT *la félicité du corps ;* que *l'étude* CORRIGE *et* ADOUCIT *les mœurs ;* que *l'émulation est l'*AME *du travail ;* que *la terre* EST *ronde, et qu'elle* TOURNE.

Dites aussi :

Nous avons appris
On nous a assuré
} que vous AVEZ ÉTÉ indisposé (et non pas que vous *aviez été* indisposé).

Il s'agit d'énoncer une époque passée purement et simplement. Voilà pourquoi un *plusqueparfait*, c'est-à-dire, un temps passé antérieurement à un autre temps passé, n'est pas celui qu'appelle la pensée. Il faut un temps sans relation quelconque, en un mot, un *passé* vague, *indéfini*.

Je vous *ai mandé* que votre oncle m'A PARLÉ (et non pas m'*avait parlé*) de vous.

Dites enfin :

Votre frère m'*a assuré* que vous IREZ à la campagne (et non pas que vous *iriez*).
Le bruit *a couru* qu'il QUITTERA (et non pas *quitterait*) ce pays.

(*Iriez*, *quitterait*, supposent une condition, un SI (4)).

---

(1) *Étiez* marque ici un *passé relatif*.

(2) *Aviez été* marque ici un *passé*.

(3) *Iriez* marque ici un *futur*.

(4) Le mauvais emploi du *conditionnel-présent* pour le *futur*, sera plus frappant dans la phrase suivante :

J'*ai prouvé* que Jésus-Christ *viendrait* juger les hommes.

Dans la pensée de celui qui parle, *Jésus-Christ* viendra *purement et simplement juger les hommes*; c'est une idée de *futurition*, et VIENDRAIT exprime une condition, un *si*, que tout bon catholique ne peut supposer. Il faut : *viendra*.

CONCORDANCE DES TEMPS DU SUBJONCTIF.

RÈGLE GÉNÉRALE. Quand le premier verbe exprime,

1°. *Une volonté*, comme *vouloir*, *ordonner*, *exiger*, *prétendre*, *falloir*, *permettre*, *consentir*, *empêcher*, *défendre*, *nier* (c'est-à-dire, *ne vouloir pas*), etc. etc. etc.

2°. *Un souhait*, comme *désirer*, *aimer mieux*, *regretter* (qui marque *un souhait non réalisé*), etc. etc. etc.

3°. *Un doute*, comme *douter*, *ne croire pas*, *craindre*, *si je savais que*, etc. etc.

le verbe qui suit le *que* se met à un des temps du subjonctif.

PREMIÈRE RÈGLE.

Le premier verbe est-il au *présent* ou au *futur?*	Mettez le second verbe *au présent* (ou futur) du subjonctif, si vous voulez marquer *un présent* ou *un futur*.
Il faut, *je désire*, *je doute* *Il faudra* (1), *je désirerai*, *je douterai* toujours	que vous SOYEZ (*maintenant* ou *bientôt*) convalescent, que vous AYEZ de l'appétit, que vous CHANTIEZ bien (*aujourd'hui* ou *demain*), que vous TENIEZ parole, que vous APPRENIEZ facilement, que vous me CONNAISSIEZ bien, que vous PARTIEZ, que vous vous PROMENIEZ tous les jours. *Au passé* du subjonctif, si vous voulez marquer *un passé*. que vous AYEZ ÉTÉ convalescent, que vous AYEZ EU de l'appétit, que vous AYEZ bien CHANTÉ, que vous AYEZ TENU parole, que vous AYEZ APPRIS facilement, que vous m'AYEZ bien CONNU, que vous SOYEZ PARTI (2) assez tôt, que vous vous SOYEZ PROMENÉ tous les jours.

DEUXIÈME RÈGLE.

Le premier verbe est-il à l'*imparfait*, au *passé* (défini ou indéfini), au *plusqueparfait* ou aux *conditionnels?*	Mettez le second verbe à l'*imparfait* du subjonctif, si vous voulez marquer un *présent* ou un *futur*.
Il fallait, *je désirais*, *je doutais* *Il fallut*, *je désirai*, *je doutai* *Il a fallu*, *j'ai désiré*, *j'ai douté* (3) *Il avait fallu*, *j'avais désiré*, *douté* *Il faudrait*, *je désirerais*, *je douterais* *Il aurait fallu*, *j'aurais désiré*, *j'aurais douté*	que vous FUSSIEZ convalescent, que vous EUSSIEZ de l'appétit, que vous CHANTASSIEZ bien, que vous TINSSIEZ parole, que vous APPRISSIEZ facilement, que vous me CONNUSSIEZ bien, que vous PARTISSIEZ, que vous vous PROMENASSIEZ tous les jours. Au *Plusqueparfait* du subjonctif, si vous voulez marquer *un passé-antérieur* (*antérieur* signifie *qui précède*). que vous FUSSIEZ ÉTÉ convalescent *l'année passée*, que vous EUSSIEZ EU de l'appétit *avant-hier*, que vous EUSSIEZ TENU parole à votre ami *l'an dernier*, que vous EUSSIEZ bien CHANTÉ *l'autre jour*, que vous EUSSIEZ APPRIS facilement *dans votre jeunesse*, que vous m'EUSSIEZ bien CONNU *avant* cette époque, que vous FUSSIEZ PARTI *hier*, que vous vous FUSSIEZ PROMENÉ *la semaine dernière* (4).

---

(1) Après le *futur-passé*, on met presque toujours le second verbe au *passé* du subjonctif.

EXEMPLE:

Il *aura fallu* que vous AYEZ ÉTÉ discret, que vous AYEZ EU raison, que vous AYEZ bien CHANTÉ, etc. pour qu'on vous *ait*, etc.

On emploie quelquefois aussi le *présent* du subjonctif, comme dans ces deux phrases : « Il *aura fallu* que vous PARTIEZ. Quand j'*aurai ordonné* qu'on FASSE son devoir, on le fera. »

(2) On sait que *partir*, *tomber*, *arriver*, *aller*, *venir*, *entrer*, *sortir*, etc. et tous les verbes-réfléchis (ou précédés de SE à l'infinitif présent) prennent *être* aux temps composés, et qu'on doit dire au subjonctif : Que je SOIS (au lieu de que j'*aie*), que je FUSSE (au lieu de que j'*eusse*).

(3 et 4) *Voyez* ces notes à la page suivante.

Les phrases suivantes sont régulières :

Je *veux* qu'un jeune homme SOIT docile.
Je ne crois pas qu'il AIT REMPORTÉ le prix.
Croyez-vous qu'il VIENNE aujourd'hui ? (1)
Que vouliez-vous *qu'il* FÎT *contre trois ?*.... *qu'il* MOURÛT. (CORNEILLE.)

---

(3) Après le *passé-indéfini*, on n'emploie presque jamais le *plusqueparfait* du subjonctif ; on se sert le plus souvent de l'*imparfait* du subjonctif, qui marque un *present* par rapport au premier verbe, ou plutôt un *passe-relatif*.

EXEMPLES :

Il *a fallu* que j'ALLASSE, que je LUSSE, que j'ÉCRIVISSE, que je m'ASSISSE, etc. etc.

Pour marquer un *passé* vague, on met le second verbe au *passé* du subjonctif.

EXEMPLES :

Il *a fallu* que vous AYEZ ÉTÉ discret, que vous AYEZ EU raison, que vous AYEZ bien CHANTÉ, etc.
Peu s'en *est fallu* qu'il ne SOIT TOMBÉ.

Au lieu qu'il faudrait dire :

Ce malade *a désiré* que j'ALLASSE chez lui, *et je m'y suis transporté*.
Il *a fallu* que je FISSE ce qu'il *avait dit*.

(4) REMARQUE IMPORTANTE. Quoique le premier verbe, *marquant doute*, soit employé au *présent* ou au *futur*, on met le second à l'*imparfait* du subjonctif, quand celui-ci doit être suivi d'un *si* et d'un *imparfait* de l'indicatif ;

Au *plusqueparfait* du subjonctif, quand il doit être suivi d'un *si* et d'un *plusqueparfait* de l'indicatif.

EXEMPLES DU PREMIER CAS :

Je doute qu'il APPROUVÂT cette mesure, SI on la lui PROPOSAIT.
Douterez-vous qu'il VINT, S'il le FALLAIT ?

EXEMPLES DU SECOND CAS :

Je doute qu'il EÛT APPROUVÉ cette mesure, SI on la lui AVAIT PROPOSÉE.
Douterez-vous qu'il FÛT VENU, S'il l'AVAIT FALLU ?

Cette phrase : « *Je doute* qu'il EÛT RÉUSSI sans votre secours » équivaut à celle-ci : « *Je doute* qu'il EÛT RÉUSSI, SI vous ne l'AVIEZ pas SECOURU. »

Le SI est quelquefois sous-entendu.

On craint qu'il n'ESSUYÂT les larmes de sa mère,

dit Andromaque, en parlant de son fils qu'on veut faire périr, c'est-à-dire :

On craint, S'il VIVAIT, qu'il n'ESSUYÂT les larmes de sa mère.

Le mode du subjonctif s'emploie aussi dans les phrases *elliptiques* ou *à mots sous-entendus* :

Fasse le ciel / *Fassent* les dieux } que vous réussissiez ! C'est-à-dire : Je souhaite que { le ciel *fasse* / les dieux *fassent* } que, etc.

(*Voyez* les phrases elliptiques, 2e. partie, chap. 2, article 5.)

---

(1) Toute question, toute phrase interrogative, supposant ordinairement un doute, il faut que le verbe

Les Égyptiens ne *doutaient* pas que certains animaux et certaines plantes ne FUSSENT des divinités.

Je *ne savais pas* que vous ÉTUDIASSIEZ la langue anglaise.

Croyiez-vous (1) qu'on vous TENDÎT un piége ?

Montesquieu parlait de lui-même, comme il *méritait* que les autres en PARLASSENT.

La Providence *a permis* que les barbares DÉTRUISISSENT l'empire romain, et VENGEASSENT l'univers vaincu.

J'*avais ordonné* qu'on MÎT sous vos yeux les pièces de cette affaire, et qu'on vous DEMANDÂT votre avis.

Je *désirerais* que mon frère EXISTÂT encore, et qu'il PÛT être présent à notre entretien.

Je *voudrais* qu'il VÎNT me voir, ou du moins qu'il m'ÉCRIVÎT.

Auriez-vous *voulu* que je me VENGEASSE d'une injure ?

1°. J'*ignorais* que vous EUSSIEZ ÉTUDIÉ la langue anglaise.

2°. { Vous *ne crûtes pas* / Vous *n'avez pas cru* } qu'on vous EÛT TENDU un piége.

3°. Nous *avions ignoré* que l'empereur vous EÛT ACCORDÉ cette grâce.

4°. { Vous *trouveriez* / Vous *auriez trouvé* } *mauvais* que nous nous FUSSIONS VENGÉ de cette injure.

(Dans ces quatre phrases, on veut énoncer une chose passée par rapport au premier verbe, voilà pourquoi on emploie le *plusqueparfait du subjonctif.*)

Les conjonctions suivantes demandent le mode, c'est-à-dire, un des temps du sub-

---

du membre de phrase secondaire soit au mode, c'est-à-dire, à un des temps du subjonctif. (Le pronom placé *après le verbe* marque presque toujours interrogation.)

EXEMPLES:

Croyez-*vous* qu'il *soit* honnête ?

Avez-VOUS pu *penser qu'au sang d'Agamemnon*
Achille préférât *une fille sans nom ?* (RACINE.)

REMARQUE. Quoique la phrase soit interrogative, le second verbe se mettrait à un des temps de l'indicatif, si l'idée exprimée par ce verbe n'était pas positive, ne tenait pas du doute.

EXEMPLES:

Croyez-vous qu'un honnête homme n'EST pas plus estimable qu'un frippon ?

Avec quelque couleur qu'on ait peint ma fierté,
Croit-on *que dans ses flancs un monstre m'A porté?* (HIPPOLYTE.)

Il est certain qu'un honnête homme EST plus estimable qu'un frippon ; qu'Hippolyte n'EST pas né d'un monstre, ou, si l'on veut, qu'un monstre n'A pas porté dans ses flancs Hippolyte.

(1) On sait que, dans les deux conjugaisons, les verbes dont le participe est en YANT ou en IANT font à l'imparfait de l'indicatif *yions, yiez ; iions, iiez ;* il en est de même au présent du subjonctif de ces verbes.

jonctif, conformément à la concordance des temps, page 89, *quel que soit le verbe qui précède*. Telles sont :

Afin que,	*de peur que*,	*à moins que*,	*pourvu que*,	*non que*,	*encore que*
Pour que,	*au cas que*,	*sans que*,	*jusqu'à ce que*,	*quoique*,	et
De crainte que,	*avant que*,	*pour peu que*,	*ce n'est pas que*,	*bien que*,	*soit que*.

(Ajoutez y *quelque... que ; quel que*, *quelle que*. Voyez la 2e. partie, chap. I, art. de l'Adjectif.)

EXEMPLES :

L'Éternel *accorde* le sommeil aux méchants, {*afin* / *pour*} *que* les bons soient tranquilles. (Sadi.)

On se *servait* / On s'*est servi* } d'écorces d'arbres et de peaux de bêtes, pour écrire, *avant que* le papier fût en usage.

Cyrus disait qu'on n'*était* pas digne de commander, *à moins qu'*on ne fût meilleur que ceux à qui on donnait la loi.

Sully *sortit* du ministère, *sans que* ses ennemis pussent lui reprocher de s'être enrichi par des voies illicites.

Alexis *est* honnête envers moi, *quoiqu'*il soit riche.
Alexis *était* honnête envers moi, *quoiqu'*il fût riche.

Et Glaucus et Ladon affrontaient *les alarmes*,
Soit qu'*il* fallût *à pied combattre aux premiers rangs*,
Soit que *leurs prompts coursiers* devançassent *les vents*. (Delille, *Énéide*, liv. XII.)

Il en est de même quand la conjonction commence la phrase. Il faut faire seulement attention, dans ce cas, *à quel temps est le verbe du membre de phrase secondaire*, afin d'y faire correspondre le temps du premier verbe, conformément à la concordance des temps du subjonctif, page 89.

EXEMPLES :

*Quoiqu'*Alexis soit riche, il EST honnête.
*Quoiqu'*Alexis fût riche, il ÉTAIT honnête.
*Pour peu qu'*on sache vivre, on ne DOIT rien dire de désobligeant à personne.
Avant que Dieu fût donné l'être, rien ne l'AVAIT que lui seul. (Bossuet.)

Là, soit que *le soleil* rendît (1) *le jour au monde*,
Soit qu'*il* finît *sa course au vaste sein de l'onde*,
Sa voix FAISAIT *redire aux échos attendris*
Le nom, le triste nom de son malheureux fils. (Voltaire, en parlant de Dailly.)

DU *QUE* CONJONCTIF.

1°. *Que*, marquant un *ordre*, un *consentement*, demande le *présent* du subjonctif.

EXEMPLES :

*Qu'*il parte sur-le-champ.
*Qu'*il fasse ce qui lui plaira.

(1) *Troisième personne du singulier de l'imparfait du subjonctif.*

Dans ces cas là, il y a toujours un mot sous-entendu avant le *que*, tel que *je veux*, *je consens* : « *Je veux* QU'il parte. *Je consens* QU'il fasse, etc. »

2°. Mettez au subjonctif, conformément au tableau de la concordance des temps, page 89, le verbe qui suit le . . . . QUE

employé — EXEMPLES :

1°. *pour* SANS QUE : Je ne *pourais* pas sortir, QU'on ne le SÛT (1).

2°. *pour* A MOINS QUE : Jamais prince n'*a été* trompé, QU'il n'AIT TROMPÉ le premier. (PLINE le jeune.)

3°. *pour* JUSQU'A CE QUE :
Attendez QU'il REVIENNE.
Attendez QUE *le temps, maître tardif et sage,*
Du monde et des plaisirs vous AIT APPRIS *l'usage.*

4°. *pour* AVANT QUE :
Il ne faut *jamais*
Vendre la peau de l'ours, QU'*on ne l'*AIT MIS *par terre.*
(LA FONTAINE.)

5°. *pour* DE CE QUE :
J'*étais* bien aise, ravi, enchanté, surpris, fâché, etc. QUE vous CHANTASSIEZ en présence de ce musicien.
Il se *plaignait* QUE vous ne VINSSIEZ pas.

6°. *pour* DÈS QUE, AUSSITÔT QUE : QUE mon frère FASSE quelque excès, il *est* malade.

La Fontaine a dit d'un avare :

7°. *pour* SOIT QUE :
QU'*il* ALLÂT *ou* QU'*il* VÎNT, QU'*il* BÛT *ou* QU'*il* MANGEÂT,
Il ne songeait *qu'à ses richesses.*

8°. *pour* SI :
Si vous *allez* à Lyon, et QUE vous y VOYIEZ mon frère, je vous *prierai* de, etc.
Si vous *alliez* à Lyon, et QUE vous y VISSIEZ mon frère, je vous *prierais de*, etc.
Si vous *aviez été* à Lyon, et QUE vous y EUSSIEZ VU mon frère, vous *auriez été* charmé de, etc.
(C'est-à-dire, 1°. Et *si* vous y *voyez*, etc. 2°. Et *si* vous y *voyiez*, etc. 3°. Et *si* vous y *aviez vu*, etc.)

9°. *pour* AFIN QUE : *Venez*, QUE je vous DISE un mot. (L'impératif marque assez volontiers un *présent*.)

3°. Le *que* conjonctif, *placé après un verbe impersonnel* ou *employé impersonnellement*, demande aussi le mode du subjonctif.

EXEMPLES :

Il faut / *Il importe* } QUE vous ÉTUDIIEZ, QUE vous VOYIEZ votre frère, QUE vous FASSIEZ votre devoir, etc. (2)

Que *faut-il* QUE je FASSE ? Que *fallait-il* QUE je FISSE ?

---

(1) *Je ne saurais* s'emploie pour le présent *je ne puis*. Dites ; « *Je ne saurais* sortir, QU'on ne le *sache* » (et non pas *qu'*on ne le *sût*).

(2) On sait que les participes-présents d'*étudier* et de *voir* sont : *Étudi*ANT, VOYANT. (*Voyez* la page 35.)

Il est impossible QU'un esclave SOIT un orateur sublime. (LONGIN.)
Il suffit QUE vous SOYEZ malheureux, POUR QUE je PLAIGNE votre sort.
Il suffisait QUE vous FUSSIEZ malheureux, POUR QUE je PLAIGNISSE votre sort.
Il pourait arriver QUE vous TOMBASSIEZ malade.
Il semble QUE vous AYEZ raison (1).
Il semble QUE de tout temps la vérité AIT EU peur de se montrer aux hommes, et QUE les hommes AIENT EU peur de la vérité. (*Éloge de La Fontaine*, par LA HARPE.) (2)

DU *QUI* ET DU *QUE* RELATIFS.

Les pronoms relatifs *qui*, *que*, *dont*, *où*, précédés
1°. d'*une interrogation;*
2°. d'*une négation* ou de *peu;*
3°. d'*un superlatif relatif* (on sait que c'est l'adjectif précédé de *le plus*, *la plus*, *les plus*);
4°. de *premier*, *second*, etc. *seul*, *unique*, etc.;
demandent le mode du subjonctif, conformément à la concordance des temps, page 89, quand l'idée n'est pas positive, quand elle tient du doute.

EXEMPLES DU PREMIER CAS:

Y a-t-*il* un homme
Quel est l'homme } *qui* SACHE apprécier le temps? (SÉNÈQUE.)
Où (*dans quel lieu*) est l'homme

Comment avez-*vous* pu trouver quelqu'un *qui* ne vous AIMÂT pas?
Avez-*vous* un ami *dont* vous PUISSIEZ attendre quelque service?

---

(1) *On dirait* équivaut souvent à *il semble*, et demande le mode du subjonctif.

EXEMPLES:

On dirait, *à vous voir assemblés en tumulte*,
QUE *Rome des Gaulois* CRAIGNE *encore une insulte*. (CRÉBILLON.)
On dirait QUE *pour plaire*, *instruit par la nature*,
Homère AIT *à Vénus* DÉROBÉ *sa ceinture*. (BOILEAU.)

(2) *Il est sûr*, *certain*, *vrai*, *probable*, etc. *il s'ensuit*, *il paraît*, *il semble* (employé avec un complément-*indirect*) et *il arrive*, demandent néanmoins le mode de l'indicatif.

EXEMPLES:

Il est { *sûr* / *certain* / *vrai* / *probable* }
Il parait
Il s'ensuit
Il { ME / NOUS } *semble*
} que vous AVEZ raison.

Il arrive souvent qu'on *est* trompé dans son attente.

En interrogeant, on dirait néanmoins : « *Est-il sûr* qu'il *ait* raison, que vous *ayez* raison? » On dirait aussi avec une négation : « Il *ne* me semble *pas* qu'il AIT raison. De ce qu'il a de l'esprit, il ne suit *pas qu*'il AIT du bon sens. Il *n*'est *pas* vrai qu'il AIT raison. » On dirait même avec un *si*, qui marque doute :

S'il est vrai qu'Homère AIT FAIT Virgile, c'est son plus bel ouvrage. (VOLTAIRE.)

EXEMPLES DU SECOND CAS:

Je *ne* connais que l'homme de bien *qui* AIT le droit de haïr ou d'aimer. (CONFUCIUS.)
Je *ne* voyais que ce moyen *qui* CONCILIÂT tous les esprits.

La Fontaine a dit de deux amis:

L'un ne *possédait rien* qui *n'*APPARTÎNT à l'autre.

Je *n'*avais *point* d'ami sur *qui* je PUSSE me reposer du soin de mes affaires.

Ne faites rien *que* votre ennemi ne PUISSE savoir. (SÉNÈQUE.)

Il *n'*y a aucun individu *qui* ne VALÛT moins que les rois, s'il était continuellement assiégé comme eux de flatteurs. (MONTAGNE.) — (*Valoir* est, dans la phrase, à l'*imparfait* du subjonctif, à cause de l'expression conditionnelle SI, *s'il était; voyez* d'ailleurs la *remarque*, page 90, note 4.) (1)

Il y a *peu* de gens *qui* SACHENT oublier les injures. (2)

EXEMPLES DU TROISIÈME CAS:

Le *Télémaque* est *le plus bel* ouvrage *que* la vertu AIT INSPIRÉ au génie. (THOMAS.)

Quand un père est capable d'enseigner ses enfants, c'est *le meilleur* maître *qu'*ils PUISSENT avoir. (GAUBERTIN.)

(On sait que *meilleur* s'emploie pour *plus bon* qui ne se dit pas.)

Il y a une faute dans cette phrase d'un orateur célèbre:

La moindre (pour *la plus* petite) louange *qu'*on PEUT donner à Turenne, c'est d'être sorti, etc. (FLÉCHIER.)

(Il fallait: *qu'on puisse.*)

EXEMPLES DU QUATRIÈME CAS:

De tous nos poètes, Malherbe est peut-être *le premier qui* AIT ÉCRIT en vers élégamment.

Le seul bien *qu'*on ne PUISSE nous enlever, c'est le mérite d'avoir fait une bonne action. (ANTISTHÈNES.)

Ce vers de Voltaire est incorrect:

Palmire, unique *objet qui m'*A coûté *des pleurs*. (MAHOMET.)

(Il fallait: *qui m'*AIT *coûté*, etc.)

---

(1) L'usage veut qu'on dise aussi:

Je ne pense pas qu'il s'ENNUYÂT, *quand il habitait* la campagne.
Je ne crois pas qu'il EÛT déjà vu ma sœur, *lorsque je le rencontrai.*

(2) Ces vers de Voltaire sont corrects:

N'*ayant autour de moi rien* que *je* PUSSE *aimer*,
Sentant ce vide affreux de la grandeur suprême,
M'arrachant à ma cour et m'évitant moi-même,
*J'*ai cherché *le repos dans ces grands monuments*,
D'une âme qui se fuit trompeurs amusements. (SÉMIRAMIS.)

C'est-à-dire: J'*ai cherché* le repos, etc. parce que je N'*avais* rien autour de moi que je PUSSE aimer.

Enfin, l'on emploie le mode du subjonctif après les relatifs *qui*, *que*, *dont*, *où*, quand on veut marquer quelque chose qui tient du doute, du souhait ou de l'avenir.

EXEMPLES:

Si c'était moi *qui* FISSE cette observation, on me *blâmerait*. (*Si* marque *doute*.)

Un ouvrage *qui* FIXÂT les règles de la langue française, et *qui* en APPLANÎT les difficultés, *manquait*, dit Boinvilliers, à la littérature moderne.

Je veux épouser une femme *qui* me PLAISE.

Lisez des livres *qui* PUISSENT vous former le cœur et l'esprit.

Je désire avoir des élèves *qui* me FASSENT honneur.

Prêtez moi un roman *dont* les beautés SOIENT en plus grand nombre que les défauts.

Ce cœur, *lassé de tout*, demandait *une erreur*
Qui PÛT *de mes ennuis chasser la nuit profonde*,
Et qui *me* CONSOLÂT *sur le trône du monde*. (VOLTAIRE.)

Choisissez une retraite *où* (dans laquelle) vous SOYEZ tranquille, et d'*où* (de laquelle) vous PUISSIEZ correspondre facilement avec vos amis.

REMARQUE. Après les conjonctions *quand*, *comme*, *lorsque*, *puisque*, et après toutes les conjonctions suivies d'un *que*, on emploie seulement le *que*, en conservant le même temps du verbe.

EXEMPLES:

On est bien répréhensible, *quand* on peut faire des heureux, et QU'on (pour QUAND *on*) ne le veut pas. (S. AMBROISE.)

Comme vous êtes doué de quelque facilité, et *que* (pour ET COMME) vous êtes maître absolu de votre temps, je vous exhorte à étudier la langue anglaise.

*Lorsqu'*une lecture vous élève l'esprit, et *qu'*elle (pour *et* LORSQU'*elle*) vous inspire des sentiments nobles et courageux, ne cherchez pas une autre règle pour juger de l'ouvrage; il est bon et fait de main de maître. (LA BRUYÈRE.)

DE LA CONJONCTION *SI*.

Si, placé après un présent marquant doute, peut être suivi d'un futur.

EXEMPLE:

Je ne sais *s'il ira* à Constantinople.

Après les conditionnels, *si* ne peut être suivi que de l'imparfait ou du plusqueparfait.

EXEMPLES :

Je serais content, *si* je vous *voyais* appliqué.
J'aurais été content, *si* je vous *avais vu* appliqué.
Je serais parti, *si* vous l'*aviez voulu*.
Vous m'auriez trouvé, *si vous étiez venu* plutôt. (1)

CHAPITRE NEUVIÈME.

DE L'INTERJECTION.

L'INTERJECTION est un mot *jeté*, pour ainsi dire, au commencement ou au milieu des phrases, pour exprimer un sentiment de l'âme, comme la joie, la douleur, la crainte, etc. etc. etc.

Pour marquer la joie, on dit :	*Ha! bon!*
la douleur :	*Ah! aïe! hélas! ouf!*
l'aversion :	*Fi! fi donc!*
l'admiration :	*Oh! ha!*
l'apostrophe :	*O* Dieu!
Pour réprimer, on dit :	*Tout beau! alte-là!*
Pour imposer silence :	*Paix! chut! st!*
Pour appeler :	*Holà!*
Pour encourager :	*Courage! allons! bravo!*
Pour interroger :	*Hé bien?*
Pour marquer un consentement :	*Soit.*

(L'adverve, la préposition, la conjonction et l'interjection sont invariables.)

---

(1) Beaucoup d'auteurs emploient les deux conditionnels formés par *j'eusse*, de la manière suivante :

J'eusse été content, si je vous *eusse vu* appliqué.

Ils emploient aussi le conditionnel formé par *je fusse* (*Voyez* la page 55) avec le conditionnel formé par *j'eusse* :

Vous m'*eussiez trouvé*, si vous *fussiez venu* plutôt.
Vous *fussiez parti*, si je l'*eusse voulu*.

Ils disent même :

Vous seriez parti, si je l'*eusse voulu* (pour si je l'*avais voulu*).

Toutes ces locutions sont purement latines, et l'on doit leur préférer les locutions énoncées plus haut, qui sont tout à la fois plus simples et plus analogues au génie de notre langue.

Vous EUSSIEZ *mieux fait de..... que de*, etc. est une mauvaise locution ; on doit dire : *Vous* AURIEZ *mieux* FAIT *de*, etc.

www.ingramcontent.com/pod-product-compliance
Ingram Content Group UK Ltd.
Pitfield, Milton Keynes, MK11 3LW, UK
UKHW031923260826
14628UKWH00003B/1385

9 782013 595247